UMA DEFESA DA POESIA
E OUTROS ENSAIOS

Copyright © 2008 by EDITORA LANDMARK LTDA
Todos os direitos reservados à Editora Landmark Ltda.
Primeira edição: Londres, 1840 - Textos originais em inglês de domínio público.

Diretor editorial: Fabio Cyrino

Diagramação e Capa: Arquétipo Design+Comunicação
Impressão e acabamento: Associação Religiosa Imprensa da Fé
Tradução e notas: Fabio Cyrino e Marcella Furtado

Dados Internacionais de Catalogação na Publicação (CIP)
(Câmara Brasileira do Livro, CBL, São Paulo, Brasil)

SHELLEY, Percy Bysshe. 1792-1822

UMA DEFESA DA POESIA E OUTROS ENSAIOS - A Defence of Poetry and Other Essays / Percy Bysshe Shelley ; [tradução e notas Fabio Cyrino e Marcella Furtado] - - São Paulo : Editora Landmark, 2008.

Título Original: A Defence of Poetry and Other Essays
Edição bilíngüe : português / inglês
ISBN 978-85-88781-36-8

1. Ensaios ingleses 2. Poesia 3. Romantismo
I. Título. II. Título: A Defence of Poetry and Other Essays

08-00053   CDD: 808.1

Índices para catálogo sistemático:

1. Poesias : Retóricas : Literatura   808.1

Reservados todos os direitos desta tradução e produção.
Nenhuma parte desta obra poderá ser reproduzida por fotocópia microfilme, processo fotomecânico ou eletrônico sem permissão expressa da Editora Landmark, conforme Lei n° 9610, de 19/02/1998

EDITORA LANDMARK

Rua Alfredo Pujol, 285 - 12° andar - Santana
02017-010 - São Paulo - SP
Tel.: +55 (11) 6011-2566 / 2950-9095
E-mail: editora@editoralandmark.com.br

www.EDITORALANDMARK.com.br

Impresso no Brasil
Printed in Brazil
2008

Percy Bysshe Shelley

UMA DEFESA DA POESIA
E OUTROS ENSAIOS

– Edição Bilíngüe –

A DEFENCE OF POETRY AND
OTHER ESSAYS

LANDMARK
São Paulo SP Brasil
2008

Percy Bysshe Shelley
(4 de Agosto de 1792 – 8 de Julho de 1822)

"NÃO HÁ PERIGO PARA O HOMEM QUE SABE O
QUE A MORTE E A VIDA SIGNIFICAM"

SOBRE O AMOR
SOBRE A VIDA
SOBRE UMA EXISTÊNCIA FUTURA
SOBRE AS ESPECULAÇÕES DA PUNIÇÃO DA MORTE
SOBRE AS ESPECULAÇÕES METAFÍSICAS
SOBRE A MORAL
SOBRE A LITERATURA, AS ARTES E OS HÁBITOS DOS ATENIENSES
SOBRE O SIMPÓSIO, OU PREFÁCIO AO BANQUETE DE PLATÃO
UMA DEFESA DA POESIA

A NECESSIDADE DO ATEÍSMO

Uma Defesa da Poesia e Outros Ensaios
A Defence of Poetry and Other Essays

ON LOVE
ON LIFE
ON A FUTURE STATE
ON THE PUNISHMENT OF DEATH SPECULATIONS
ON METAPHYSICS SPECULATIONS
ON MORALS
ON THE LITERATURE, THE ARTS AND THE MANNERS OF THE ATHENIANS
ON THE SYMPOSIUM, OR PREFACE TO THE BANQUET OF PLATO
A DEFENCE OF POETRY

THE NECESSITY OF ATHEISM

Sobre o Amor

ON LOVE

What is love? Ask him who lives, what is life? ask him who adores, what is God?

I know not the internal constitution of other men, nor even thine, whom I now address. I see that in some external attributes they resemble me, but when, misled by that appearance, I have thought to appeal to something in common, and unburthen my inmost soul to them, I have found my language misunderstood, like one in a distant and savage land. The more opportunities they have afforded me for experience, the wider has appeared the interval between us, and to a greater distance have the points of sympathy been withdrawn. With a spirit ill fitted to sustain such proof, trembling and feeble through its tenderness, I have everywhere sought sympathy and have found only repulse and disappointment.

Thou demandest what is love? It is that powerful attraction towards

O que é o Amor? Pergunte a quem vive, o que é a Vida? Pergunte a quem adora, o que é Deus?

Não conheço as constituições internas de outros homens, muito menos a vossa, a quem me dirijo nesse momento. Vejo que em alguns atributos externos, acabam por se assemelhar aos meus, mas quando, iludido pelas aparências, pensei em apelar ao ponto em comum, e distanciando a parte mais profunda de minha alma das deles, descobri o meu idioma incompreendido, como aquele vindo de uma terra distante e selvagem. Quanto mais oportunidades eles me têm propiciado experimentar, mais amplo tem se mostrado o intervalo entre nós, e os pontos de afinidade têm-se retirado para uma distância maior. Com um espírito mal adaptado para sustentar tal prova, apreensivo e debilitado por sua própria delicadeza, tenho, por toda parte, procurado a compreensão e encontrado apenas a recusa e a decepção.

Vós me perguntastes o que é o Amor? É aquela poderosa atração que nos encaminha a tudo aquilo que nós concebemos, ou temos, ou esperamos além de nós mesmos, quando descobrimos dentro de nossos próprios pensamentos o abismo de um vazio insuficiente, e procuramos despertar em tudo que somos, uma comunhão com o que experimentamos dentro de nós próprios. Se nós raciocinamos, então seremos entendidos; se nós imaginamos, é por desejarmos que as juvenilidades mais graciosas de nossa mente nasçam novamente dentro de outras; se sentimos, é por desejarmos que o controle das emoções do outro vibre apenas por nós, que o brilho dos olhos do outro se ilumine de uma vez só e misture-se e molde-se dentro do nosso próprio, que lábios de um frio paralisante não respondam com um tremor seus, mas que queimem diante da melhor disposição do coração. Isto é o Amor. Isto é o laço e a confirmação que conecta não somente o homem ao homem, mas a tudo o mais que existe. Nós nascemos em um mundo, e há algo dentro de nós que, a partir do instante em que vivemos, mais e mais cobiça a seu semelhante. É provavelmente em correspondência a essa lei que o bebê suga o leite do seio de sua mãe; esta propensão se amplia com o desenvolvimento de nossa natureza. De um modo obscuro, verificamos dentro de nossa natureza intelectual uma miniatura como se esta fosse parte de nosso todo, mas desprovida de tudo o que nós condenamos ou desprezamos, sendo o protótipo ideal de tudo que é excelente ou amável e que nos capacita a conceber como pertencente à natureza do homem. Não somente a imagem de nosso ser exterior, mas uma reunião das partículas mais insignificantes das quais nossa natureza é composta[1]; um espelho cuja superfície reflete somente as

all that we conceive, or fear, or hope beyond ourselves, when we find within our own thoughts the chasm of an insufficient void, and seek to awaken in all things that are, a community with what we experience within ourselves. If we reason, we would be understood; if we imagine, we would that the airy children of our brain were born anew within another's; if we feel, we would that another's nerves should vibrate to our own, that the beams of their eyes should kindle at once and mix and melt into our own, that lips of motionless ice should not reply to lips quivering and burning with the heart's best blood. This is Love. This is the bond and the sanction which connects not only man with man, but with everything which exists. We are born into the world, and there is something within us which, from the instant that we live, more and more thirsts after its likeness. It is probably in correspondence with this law that the infant drains milk from the bosom of its mother; this propensity develops itself with the development of our nature. We dimly see within our intellectual nature a miniature as it were of our entire self, yet deprived of all that we condemn or despise, the ideal prototype of everything excellent or lovely that we are capable of conceiving as belonging to the nature of man. Not only the portrait of our external being, but an assemblage of the minutest particles of which our nature is composed[*]; a mirror whose surface reflects only the forms of purity and brightness; a soul

---

[1] Estas palavras são ineficazes e metafóricas. A maioria delas é assim... Não há socorro para isso!

[*] These words are ineffectual and metaphorical. Most words are so... No help!

within our soul that describes a circle around its proper paradise, which pain, and sorrow, and evil dare not overleap. To this we eagerly refer all sensations, thirsting that they should resemble or correspond with it. The discovery of its antitype; the meeting with an understanding capable of clearly estimating our own; an imagination which should enter into and seize upon the subtle and delicate peculiarities which we have delighted to cherish and unfold in secret; with a frame whose nerves, like the chords of two exquisite lyres, strung to the accompaniment of one delightful voice, vibrate with the vibrations of our own; and of a combination of all these in such proportion as the type within demands; this is the invisible and unattainable point to which Love tends; and to attain which, it urges forth the powers of man to arrest the faintest shadow of that, without the possession of which there is no rest nor respite to the heart over which it rules. Hence in solitude, or in that deserted state when we are surrounded by human beings, and yet they sympathize not with us, we love the flowers, the grass, and the waters, and the sky. In the motion of the very leaves of spring, in the blue air, there is then found a secret correspondence with our heart. There is eloquence in the tongueless wind, and a melody in the flowing brooks and the rustling of the reeds beside them, which by their inconceivable relation to something within the soul, awaken the spirits to a dance of breathless rapture, and bring tears of mysterious tenderness to the eyes, like the enthusiasm of patriotic success, or the voice of one beloved

formas da pureza e do esplendor; uma alma dentro de nossa alma que descreve um círculo em torno de seu próprio paraíso, onde a dor, a aflição e o mal não ousam ingressar. A este nós apaixonadamente referimos todas as sensações, desejando que elas sejam semelhantes ou se correspondam a ele. A descoberta dele antecipa; o encontro com um entendimento capaz de esclarecer a estimativa de nosso próprio ser; uma imaginação que deveria ingressar e se apropriar das sutis e delicadas peculiaridades que nos deleitamos em guardar com todo carinho e desvelá-las em segredo; com uma disposição de espírito cujos sentimentos, tais como cordas de duas delicadas liras dão o fortalecimento ao acompanhar uma delicada voz, vibrando com as vibrações de nosso próprio ser; e de uma combinação de todos estes em tal proporção como o modelo dentro de nós exige; este é o ponto invisível e intangível onde o Amor atua; e para conquistar isso que ele sempre encoraja os poderes do homem em aprisionar a mais tênue sombra daquilo, sem o controle do que não há descanso ou trégua para o coração no que ele governa. Sendo assim que na solidão, ou naquele estado abandonado quando nos encontramos cercados por seres humanos e, mesmo assim, estes não se sensibilizam conosco, amamos as flores, a relva, os regatos e o firmamento. No movimento de cada folhagem da primavera, no azul do céu, há então uma correspondência secreta revelada ao nosso coração. Há eloqüência no vento sem voz, e uma melodia nos ribeirões que fluem, no farfalhar dos juncos ao longo destes, que pela inconcebível relação de algo que existe com a alma, desperta o espírito para uma dança de um êxtase ofegante, trazendo lágrimas de uma misteriosa ternura aos olhos, tal qual o entusiasmo do sucesso patriótico, ou a voz daquela que amamos ao cantar apenas para nós. Sterne[2] afirma que se ele estivesse em um deserto, amaria algum cipreste. Tão logo este querer ou poder está morto, o homem torna-se um sepulcro vivo de si mesmo, e o que nele ainda sobrevive torna-se a mera casca daquilo que foi um dia.

singing to you alone. Sterne says that, if he were in a desert, he would love some cypress. So soon as this want or power is dead, man becomes the living sepulchre of himself, and what yet survives is the mere husk of what once he was.

1815; publicado em 1840.

---

[2] Laurence Sterne (1713-1768): escritor irlandês, conhecido pelo seu romance "A Vida e As Opiniões de Tristam Shandy", originalmente publicado em vários volumes, os dois primeiros em 1759 e os demais no decorrer dos dez anos seguintes. O romance e o estilo do autor acabaram por influenciar ampla geração de escritores, agindo decisivamente na formação da obra de Machado de Assis, influência admitida por este último em "Memórias Póstumas de Brás Cubas". Sterne morreu em Londres e seu corpo roubado após a morte, aparecendo em uma aula de anatomia em Cambridge, antes de ser devolvido à sua sepultura. (N.T.)

Sobre a Vida

ON LIFE

Life and the world, or whatever we call that which we are and feel, is an astonishing thing. The mist of familiarity obscures from us the wonder of our being. We are struck with admiration at some of its transient modifications, but it is itself the great miracle. What are changes of empires, the wreck of dynasties, with the opinions which supported them; what is the birth and the extinction of religious and of political systems to life? What are the revolutions of the globe which we inhabit, and the operations of the elements of which it is composed, compared with life? What is the universe of stars, and suns, of which this inhabited earth is one, and their motions, and their destiny, compared with life? Life, the great miracle, we admire not, because it is so miraculous. It is well that we are thus shielded by the familiarity of what is at once so certain and so unfathomable, from an astonishment which would otherwise absorb and overawe the functions of that which is its object.

A vida e o mundo, ou qualquer que seja aquilo que nós denominamos onde estamos e sentimos, é algo surpreendente. Uma névoa de familiaridade obscurece de nós a maravilha de nossa existência. Somos golpeados com algumas de suas modificações transitórias, mas ela mesma é o maior dos milagres. O que são as mudanças do império, a ruína das dinastias, com as opiniões que as apóiam; o que é o nascimento e a extinção das religiões e dos sistemas políticos frente à vida? O que é o universo de estrelas, e sóis, dos quais esta terra habitada faz parte, e seus movimentos, e seus destinos, comparados com a vida? A Vida, o grande milagre, não é admirada por nós, justo por ser ela tão miraculosa. Ela é bem aquilo que assim nos protege pela familiaridade do que é por si próprio tão certo e tão insondável, a partir de um assombro que de outro modo absorveria e intimidaria as funções daquilo que é o seu objeto.

Se qualquer artista, não digo que tenha executado, mas tenha meramente concebido em sua mente o sistema do sol, e das estrelas e planetas, se não tivesse existido, e o tenha retratado para nós em palavras, ou sobre telas de pintura, o espetáculo agora oferecido pelo manto noturno do firmamento e glorificado pela sabedoria da astronomia, grande seria a nossa admiração. Ou tivesse ele imaginado a paisagem desta terra, as montanhas, os mares e os rios; a relva e as flores e a variedade das formas e massas das folhagens das florestas, e as cores que estão presentes no poente e no nascente do sol, nos tons da atmosfera, túrbidos ou serenos, estas coisas não existindo antes, nós verdadeiramente ficaríamos deslumbrados e não teria sido um elogio sem mérito dizer a tal homem, 'Non merita nome di creatore, se non Iddio ed il Poeta'[3] Mas agora essas coisas são observadas com pequeno assombro, e ser ciente delas com um intenso deleite é admirar ser a marca distinta de uma pessoa refinada e extraordinária. A grande quantidade de homens não se preocupa com elas. É assim com a Vida... Pois ela inclui tudo.

O que é a Vida? Pensamentos e sentimentos surgem, com ou sem o nosso consentimento, e empregamos palavras para expressá-los. Nós nascemos, e nosso nascimento é esquecido, e nossa infância relembrada, senão em fragmentos; nós vivemos e, vivendo nós perdemos a compreensão da vida. Quão inútil é pensar nas palavras que podem penetrar o mistério de nossa existência! Corretamente usada

---

[3] 'Ninguém merece o nome de Criador, se não Deus ou o Poeta' refere-se a uma passagem de Torquato Tasso (1544-1595), grande poeta italiano do final do renascimento, em sua obra "Discorsi del Poema Eroico", escrita em seis volumes. (N.T.)

may make evident our ignorance to ourselves, and this is much. For what are we? Whence do we come? and whither do we go? Is birth the commencement, is death the conclusion of our being? What is birth and death?

The most refined abstractions of logic conduct to a view of life, which, though startling to the apprehension, is, in fact, that which the habitual sense of its repeated combinations has extinguished in us. It strips, as it were, the painted curtain from this scene of things. I confess that I am one of those who are unable to refuse my assent to the conclusions of those philosophers who assert that nothing exists but as it is perceived.

It is a decision against which all our persuasions struggle, and we must be long convicted before we can be convinced that the solid universe of external things is 'such stuff as dreams are made of.' The shocking absurdities of the popular philosophy of mind and matter, its fatal consequences in morals, and their violent dogmatism concerning the source of all things, had early conducted me to materialism. This materialism is a seducing system to young and superficial minds. It allows its disciples to talk, and dispenses them from thinking. But I was discontented with such a view of things as it afforded; man is a being of high aspirations, 'looking both before and after,' whose 'thoughts wander through eternity,' disclaiming

elas podem tornar evidente nossa ignorância sobre nós mesmos, e isso já é muito! Para que nós existimos? De onde nós viemos? E para onde nós iremos? O nascimento é o começo, e a morte é a conclusão de nossa existência? O que é o nascimento e a morte?

As mais refinadas abstrações da lógica conduzem a uma visão da vida, que, embora, atemorizando a compreensão, é, de fato, aquela cujo senso habitual dela repete as combinações que estão extintas em nós. Ela desnuda, por ela mesma, a cortina de palco deste cenário de coisas. Confesso que sou um daqueles que são incapazes de recusar meu consentimento às conclusões daqueles filósofos que declaram que nada existe além do que é percebido.

É uma decisão contra a qual todo o nosso convencimento luta, e devemos ser por demais culpados antes de podermos ser convencidos de que o universo sólido de coisas externas está 'repleto da matéria da qual os sonhos são feitos'[4]. Os terríveis absurdos da filosofia popular da mente e da matéria, suas conseqüências fatais sobre a moral, e seu violento dogmatismo referente à origem de todas as coisas, têm precocemente me conduzido ao materialismo. Este materialismo é um sistema sedutor para os espíritos mais jovens e superficiais. Ele permite suas disciplinas ao falar e dispensa-as da reflexão. Mas fiquei descontente com tal visão das coisas como ele oferece; o homem é um ser de altas aspirações, 'olhando ao mesmo tempo para o antes e o depois'[5], cujos 'pensamentos vagueiam através da

---

[4] William Shakespeare, "A Tempestade", cena IV : "Do que somos feitos nós/ Da mesma matéria que forma os sonhos..." (N.T.)

[5] Homero, "A Ilíada", livro XVIII: "Polydamas, filho de Panthus foi o primeiro a falar, homem ponderado, que sozinho, entre tantos, podia olhar ao mesmo tempo para o antes e o depois. Ele era companheiro de Heitor, e ambos nasceram na mesma noite". (N.T.)

eternidade"[6], recusando a aliança com o provisório e a decadência; incapaz de imaginar por ele mesmo a aniquilação; existindo somente no futuro e no passado; sendo, não o que ele é, mas o que ele tem sido e o que ele será. Qualquer que possa ser sua verdade e seu destino final há um espírito dentro dele na inimizade com o sem-valor e a dissolução. Esta é a característica de toda a vida e de toda existência. Cada um sendo por sua vez o centro e a circunferência; o ponto no qual todas as coisas se remetem e a linha na qual todas as coisas estão contidas. Tais contemplações como estas, no materialismo e na filosofia popular da mente e da matéria são igualmente proibidas; elas são somente consistentes com o sistema intelectual.

É um absurdo ingressar em uma longa recapitulação de argumentos suficientemente familiares para aquelas mentes curiosas, as quais só podem vir a interessar a um escritor de temas de difícil compreensão. Talvez a mais clara e vigorosa declaração do sistema intelectual possa ser encontrada nas "Questões Acadêmicas" de Sir William Drummond[7].

Após tal exposição, seria desneces-sário traduzir em outras palavras o que poderia ser perdido de sua energia e correção. Examinado ponto por ponto, e palavra por palavra, os intelectos mais discriminantes seriam capazes de discer-nir nenhuma linha de pensamentos no processo de raciocínio, que não conduz inevitavelmente à conclusão que foi declarada.

O que segue a essa admissão? Ela não estabelece nenhuma nova verdade,

alliance with transience and decay; incapable of imagining to himself annihilation; existing but in the future and the past; being, not what he is, but what he has been and shall be. Whatever may be his true and final destination, there is a spirit within him at enmity with nothingness and dissolution. This is the character of all life and being. Each is at once the centre and the circumference; the point to which all things are referred, and the line in which all things are contained. Such contemplations as these, materialism and the popular philosophy of mind and matter alike forbid; they are only consistent with the intellectual system.

It is absurd to enter into a long recapitulation of arguments sufficiently familiar to those inquiring minds, whom alone a writer on abstruse subjects can be conceived to address. Perhaps the most clear and vigorous statement of the intellectual system is to be found in Sir William Drummond's Academical Questions.

After such an exposition, it would be idle to translate into other words what could only lose its energy and fitness by the change. Examined point by point, and word by word, the most discriminating intellects have been able to discern no train of thoughts in the process of reasoning, which does not conduct inevitably to the conclusion which has been stated.

What follows from the admission? It establishes no new

---

[6] John Milton, "O Paraíso Perdido", linha 146. (N.T.)

[7] Sir William Drummond of Logiealmond (1770-1828): diplomata e político escocês, membro do Parlamento Britânico, além de poeta e filósofo, autor da obra "Academical Questions", publicada em 1805, que viria influenciar profundamente o desenvolvimento das idéias e conceitos do Romantismo inglês, sobretudo a obra do poeta Percy Shelley. (N.T.)

truth, it gives us no additional insight into our hidden nature, neither its action nor itself. Philosophy, impatient as it may be to build, has much work yet remaining, as pioneer for the overgrowth of ages. It makes one step towards this object; it destroys error, and the roots of error. It leaves, what it is too often the duty of the reformer in political and ethical questions to leave, a vacancy. It reduces the mind to that freedom in which it would have acted, but for the misuse of words and signs, the instruments of its own creation. By signs, I would be understood in a wide sense, including what is properly meant by that term, and what I peculiarly mean. In this latter sense, almost all familiar objects are signs, standing, not for themselves, but for others, in their capacity of suggesting one thought which shall lead to a train of thoughts. Our whole life is thus an education of error.

Let us recollect our sensations as children. What a distinct and intense apprehension had we of the world and of ourselves! Many of the circumstances of social life were then important to us which are now no longer so. But that is not the point of comparison on which I mean to insist. We less habitually distinguished all that we saw and felt, from ourselves. They seemed as it were to constitute one mass. There are some persons who, in this respect, are always children. Those who are subject to the state called reverie, feel as if their nature were dissolved into the surrounding universe, or as if the surrounding universe were absorbed into their being. They are conscious of no distinction. And these are states which precede, or accompany, or follow

ela não nos dá nenhuma abordagem adicional à nossa natureza oculta, nem com relação à ação e nem a ela mesma. A filosofia, impaciente como ela é em sua construção, tem ainda muito trabalho a ser realizado, com pioneira para o crescimento excessivo das eras. Ela dá um passo em direção a este objetivo; ela destrói o erro, e as raízes do erro. Ela produz, o que é freqüente no dever do reformador de questões políticas e éticas produzir, um lugar vago. Ela reduz a mente àquela liberdade na qual ela poderia atuar, além da impropriedade das palavras e símbolos, com os instrumentos de sua própria criação. Por símbolos, eu entenderia em um sentido mais amplo, incluindo o que é propriamente significado pelo termo, e o que eu estranhamente compreendo. Sob um outro sentido, quase todos os objetos familiares são símbolos, permanecendo, não por eles mesmos, mas por outros, dentro de sua capacidade de sugerir um pensamento no qual conduzirá a uma outra linha de pensamento. Deste modo, toda nossa vida é uma instrução ao engano.

Deixe-nos recordarmos nossos sentimentos da infância. Que distinta e intensa compreensão nós tínhamos do mundo e de nós mesmos! Muitas das circunstâncias da vida social de então eram importantes para nós e agora não são mais. Mas este não é o ponto de comparação ao qual eu pretendo insistir. Estamos menos habituados a distinguir tudo aquilo que vemos e sentimos de nós mesmos, [pois] eles dão a impressão de constituírem uma massa só. Há algumas pessoas que, com relação a isso, são sempre crianças. Aqueles que são submetidos ao estado conhecido por devaneio, sentem-se como se sua própria natureza fosse dissolvida dentro do universo circundante, ou como se o universo circundante fosse absorvido dentro da própria existência dela. Eles são conscientes de nenhuma distinção. E esses são estados que precedem, ou acompanham, ou seguem uma intensa, incomum e vívida compreensão da vida. Assim que os homens crescem, este poder geralmente decaí, e eles tornam-se agentes mecânicos e habituais. Assim os sentimentos e os conseqüentes raciocínios são o resultado combinado de uma grande quantidade de pensamentos embaraçados, e de uma série do que chamamos impressões, instados pela reiteração.

A concepção da vida, apresentada pela mais refinadas deduções da filosofia intelectual, é fruto da unidade. Nada existe além do que é percebido. A diferença é meramente nominal entre aquelas duas classes de pensamento, que são vulgarmente distintas por nomes de idéias e de objetos externos. Seguindo a mesma linha de raciocínio, a existência de distintas mentes individuais, similar àquela que é empregada no atual questionamento de sua própria natureza, é da mesma forma obtida como sendo uma ilusão. As palavras "EU, VOCÊ, ELES" não são símbolos de alguma diferença atual que subsiste entre a reunião de pensamentos assim indicados, mas sim são sinais meramente empregados para denotar as diferentes variações de uma inteligência única.

Não deixemos supor que esta doutrina conduza à monstruosa presunção de que eu, a pessoa que agora escreve e pense, seja esta inteligência única. Eu sou apenas uma parcela disso. As palavras "EU, VOCÊ, ELES" são artifícios gramaticais criados simplesmente para uma acomodação, e totalmente desprovidas de um sentido intenso e exclusivo geralmente associado a eles. É difícil descobrir termos adequados que expressam tão sutilmente uma concepção como aquela que a Filosofia Intelectual nos tem conduzido. Nós nos encontramos naquela fronteira aonde as palavras nos abando-nam, e que nos

an unusually intense and vivid apprehension of life. As men grow up this power commonly decays, and they become mechanical and habitual agents. Thus feelings and then reasonings are the combined result of a multitude of entangled thoughts, and of a series of what are called impressions, planted by reiteration.

The view of life presented by the most refined deductions of the intellectual philosophy, is that of unity. Nothing exists but as it is perceived. The difference is merely nominal between those two classes of thought, which are vulgarly distinguished by the names of ideas and of external objects. Pursuing the same thread of reasoning, the existence of distinct individual minds, similar to that which is employed in now questioning its own nature, is likewise found to be a delusion. The words "I, YOU, THEY", are not signs of any actual difference subsisting between the assemblage of thoughts thus indicated, but are merely marks employed to denote the different modifications of the one mind.

Let it not be supposed that this doctrine conducts to the monstrous presumption that I, the person who now write and think, am that one mind. I am but a portion of it. The words "I, and YOU, and THEY", are grammatical devices invented simply for arrangement, and totally devoid of the intense and exclusive sense usually attached to them. It is difficult to find terms adequate to express so subtle a conception as that to which the Intellectual Philosophy has conducted us. We are on that verge where words abandon us, and what wonder if we grow dizzy to look down the dark abyss of how little we know. The relations of

THINGS remain unchanged, by whatever system. By the word THINGS is to be understood any object of thought, that is any thought upon which any other thought is employed, with an apprehension of distinction. The relations of these remain unchanged; and such is the material of our knowledge. What is the cause of life? that is, how was it produced, or what agencies distinct from life have acted or act upon life? All recorded generations of mankind have weariedly busied themselves in inventing answers to this question; and the result has been... Religion. Yet, that the basis of all things cannot be, as the popular philosophy alleges, mind, is sufficiently evident. Mind, as far as we have any experience of its properties, and beyond that experience how vain is argument! cannot create, it can only perceive. It is said also to be the cause. But cause is only a word expressing a certain state of the human mind with regard to the manner in which two thoughts are apprehended to be related to each other. If any one desires to know how unsatisfactorily the popular philosophy employs itself upon this great question, they need only impartially reflect upon the manner in which thoughts develop themselves in their minds. It is infinitely improbable that the cause of mind, that is, of existence, is similar to mind.

assombram se nós nos dispusermos a crescer vertiginosamente e olhar para dentro do sombrio abismo da pequenez de nosso conhecimento. As relações das COISAS permanecem imutáveis, qualquer que seja o sistema. Por COISAS é entendido qualquer objeto de pensamento, ou seja, qualquer pensamento sobre o qual qualquer outro pensamento seja empregado, com uma compreensão de distinção.

As relações entre estes permanecem inalteradas; e deste mesmo modo é a matéria-prima de nosso conhecimento. Qual é a causa da vida? Ou melhor, como ela foi produzida, ou quais os agentes distintos da vida que atuaram e atuam sobre a vida? Todos os registros das gerações da Humanidade têm incansavelmente trabalhado sobre eles mesmos de modo a criar respostas a essa questão; e o resultado tem sido... Religião. Ainda, que a base de todas as coisas não possa ser, como a filosofia popular alega, a inteligência, é suficientemente evidente. A inteligência, até que tenhamos alguma experiência de suas propriedades, e além daquela experiência quão inútil é argumentar! Não pode criar, ela pode apenas perceber. É dito também ser esta a causa. Mas a causa não é somente uma palavra que expressa um certo estado da mente humana com respeito à maneira pela qual dois pensamentos são compreendidos no relacionamento de um com o outro. Se qualquer um desejar conhecer quão insatisfatoriamente a filosofia popular emprega a si mesma sobre esta grande questão, somente seria necessário refletir imparcialmente sobre a maneira pela qual os pensamentos se desenvolvem por si mesmos em sua mente. É infinitamente improvável que a razão primordial da inteligência, ou seja, da existência, seja similar à inteligência.

1815; publicado em 1840.

Sobre uma Existência Futura

ON A FUTURE STATE

Tem sido matéria de persuasão de uma imensa maioria de seres humanos em todas as eras e nações que nós continuamos a viver após a morte... Depois daquele aparente término de todas as funções sensíveis e da existência intelectual. A Humanidade não tem se contentado com a suposição dos tipos de existência que alguns filósofos têm declarado; em outras palavras, a definição das partes integrantes do mecanismo de um ser vivo dentro de seus elementos, e a impossibilidade da partícula mais diminuta dessas de sustentar uma redução ainda menor. Têm-se [os seres humanos] apegados à idéia de que a consciência e o pensamento, que se distingue dos objetos em si, sob as diversas denominações de espírito e matéria, é, por sua própria natureza, menos suscetível de divisão e decadência, e que, quando o corpo está separado destes elementos, o princípio que o anima permanece eterno e imutável. Alguns filósofos – e aqueles a quem permanecemos em dívida pelas mais estupendas descobertas na ciência médica

It has been the persuasion of an immense majority of human beings in all ages and nations that we continue to live after deatH... that apparent termination of all the functions of sensitive and intellectual existence. Nor has mankind been contented with supposing that species of existence which some philosophers have asserted; namely, the resolution of the component parts of the mechanism of a living being into its elements, and the impossibility of the minutest particle of these sustaining the smallest diminution. They have clung to the idea that sensibility and thought, which they have distinguished from the objects of it, under the several names of spirit and matter, is, in its own nature, less susceptible of division and decay, and that, when the body is resolved into its elements, the principle which animated it will remain perpetual and unchanged. Some philosophers and those to whom we are indebted for the most stupendous discoveries in physical science, suppose, on the other hand, that intelligence is the mere result of certain combinations among the particles of its objects; and those among them who believe that we live after death, recur to the interposition of a supernatural power, which shall overcome the tendency inherent in all material combinations, to dissipate and be absorbed into other forms. Let us trace the reasonings which in one and the other have conducted to these two opinions, and endeavour to discover what we ought to think on a question of such momentous interest. Let us analyse the ideas and feelings which constitute the contending beliefs, and watchfully establish a discrimination between words and thoughts. Let us bring the question to the test of experience and fact; and ask ourselves, considering our nature in its entire extent, what light we derive from a sustained and comprehensive view of its component parts, which may enable, us to assert, with certainty, that we do or do not live after death.

The examination of this subject requires that it should be stript of all those accessory topics which adhere to it in the common opinion of men. The existence of a God, and a future state of rewards and punishments, are totally foreign to the subject. If it be proved that the world is ruled by a Divine Power, no inference necessarily can be drawn from that circumstance in favour of a future state. It has been asserted, indeed, that as goodness and justice are to be numbered among the attributes of the Deity, He will undoubtedly compensate the virtuous who suffer during life, and that He will make every sensitive being who

– supõem, por outro lado, que a inteligência é o mero resultado de certas combinações entre as partículas de suas matérias; e entre estes que acreditam que vivemos após a morte, recorre-se à interposição de uma força sobrenatural, que se sobrepõe à tendência inerente de todas as combinações da matéria de se dissipar e de ser absorvida em outras formas.

Permita-nos traçar as considerações pelas quais um e outro foram conduzidos a estas duas opiniões, e se empenharem em descobrir o que nós devemos pensar sobre uma questão de interesse tão significativo. Permita-nos analisar as idéias e os sentimentos que constituem as crenças estabelecidas, e de pronto estabelecer uma discriminação entre as palavras e os pensamentos. Permita-nos trazer a questão ao teste da experiência e da realidade; e perguntar a nós mesmos, considerando a nossa natureza em sua inteira existência, qual luz produziremos a partir de uma visão compreensiva e sustentada de suas partes integrantes, que possam nos capacitar a declarar, com toda a certeza, se de fato vivemos ou não após a morte.

A análise desta matéria requer que ela seja desvelada de todos aqueles tópicos assessórios que aderem-na à opinião ordinária dos homens. A existência de um Deus, e de uma existência futura de recompensas e punições, são totalmente estranhas ao tema. Se for provado que o mundo é governado por um Poder Divino, nenhuma inferência necessariamente pode ser retirada daquela circunstância a favor de uma existência futura. De fato, declara-se que uma vez que a bondade e a justiça costumam ser um dos inúmeros atributos da Divindade, Ele indubitavelmente compensará os virtuosos que sofreram durante a vida, e

Tornará cada ser capaz de sentir, e que não merece punição, feliz para todo o sempre. Mas esta visão do tema, que seria tão enfadonha quanto supérflua para se desenvolver e expor, não satisfaz a ninguém e corta o nó que agora procuramos unir. Além disso, deveria ser provado, por outro lado, que o princípio misterioso que regula as condutas do universo não é nem inteligente nem sensível, ainda que não seja uma inconsistência supor, ao mesmo tempo, que a força inspiradora sobrevive ao corpo que anima, por leis tão independentes de qualquer agente sobrenatural quanto daqueles pelos quais ela inicialmente esteve unificada. Assim, se uma existência futura puder ser claramente provada, de fato esta caminhará para um estado de punição ou recompensa.

Pela palavra Morte, nós exprimimos aquela condição na qual a natureza, recordando a nós mesmos, aparentemente cessa de ser o que havia anteriormente. Nós não mais os ouvimos falar, nem os vemos se movimentar. Se eles possuíam sensações e compreensões, não mais participamos disso com eles. Nós não conhecemos nada do que se encontra além daqueles órgãos externos, e de toda aquela bela textura de estrutura material, sem as quais nós não teríamos nenhuma experiência de onde a vida ou o pensamento poderiam subsistir, dissolvendo-se e difundindo-se largamente. O corpo é colocado sob a terra, e após um certo período lá, não restam quaisquer vestígios de sua forma. Esta é esta contemplação da inesgotável melancolia, cuja sombra obscurece o brilho do mundo. O observador comum é assolado com a tristeza desse espetáculo. Ele resiste em vão à persuasão da sepultura, para onde os mortos inexoravelmente se dirigirão. O cadáver diante dele é uma profecia de seu próprio destino. Aqueles que o precederam e cuja

does not deserve punishment, happy for ever. But this view of the subject, which it would be tedious as well as superfluous to develop and expose, satisfies no person, and cuts the knot which we now seek to untie. Moreover, should it be proved, on the other hand, that the mysterious principle which regulates the proceedings of the universe, is neither intelligent nor sensitive, yet it is not an inconsistency to suppose at the same time, that the animating power survives the body which it has animated, by laws as independent of any supernatural agent as those through which it first became united with it. Nor, if a future state be clearly proved, does it follow that it will be a state of punishment or reward.

By the word death, we express that condition in which natures resembling ourselves apparently cease to be that which they were. We no longer hear them speak, nor see them move. If they have sensations and apprehensions, we no longer participate in them. We know no more than that those external organs, and all that fine texture of material frame, without which we have no experience that life or thought can subsist, are dissolved and scattered abroad. The body is placed under the earth, and after a certain period there remains no vestige even of its form. This is that contemplation of inexhaustible melancholy, whose shadow eclipses the brightness of the world. The common observer is struck with dejection at the spectacle. He contends in vain against the persuasion of the grave, that the dead indeed cease to be. The corpse at his feet is prophetic of his own destiny. Those who have preceded him, and whose voice was delightful to his ear; whose touch met his like sweet and subtle fire; whose aspect spread a visionary light upon his path... these he cannot meet again. The organs of sense are destroyed, and the intellectual operations dependent on them have perished with their sources. How can a corpse see or feel? its eyes are eaten out, and its heart is black and without motion. What intercourse can two heaps of putrid clay and crumbling bones hold together? When you can discover where the fresh colours of the faded flower abide, or the music of the broken lyre, seek life among the dead. Such are the anxious and fearful contemplations of the common observer, though the popular religion often prevents him from confessing them even to himself.

The natural philosopher, in addition to the sensations common to all men inspired by the event of death, believes that he sees with more certainty that it is attended with the annihilation of sentiment and thought. He observes the mental powers increase and fade with those of the body, and even accommodate themselves to the most transitory changes of our physical nature. Sleep suspends many of the faculties of the vital and intellectual principle; drunkenness and disease will either temporarily or permanently derange them. Madness or idiotcy may utterly extinguish the most excellent and delicate of those powers. In old age the mind gradually withers; and as it grew and was strengthened with the body, so does it together with the body sink

voz era agradável aos seus ouvidos; cujo toque encontrava o seu doce e sutil calor; cujo aspecto difundia uma luz visionária sobre o seu percurso... Tudo isso ele não mais encontrará. Os órgãos dos sentidos são destruídos, e as operações intelectuais que dependem deles acabam por perecer junto com suas fontes. Como pode um cadáver ver ou sentir? Seus olhos são consumidos e seu coração está negro e sem movimento. Que intercurso dois montes de matéria pútrida e de ossos esfarelados podem realizar juntos? Quando você puder descobrir onde as frescas cores das flores esmaecidas ou a música da lira partida sobrevivem, busque a vida entre os mortos. Tais são as contemplações ansiosas e aterrorizantes do observador comum, embora a religião popular freqüentemente o impeça de confessá-las mesmo a si próprio.

O filósofo natural[8], em complementação às sensações comuns de todos os homens inspirados pelos eventos da morte, acredita que vê com mais acuidade aquilo que se ocupa com a aniquilação do sentimento e do pensamento. Ele observa que os poderes da mente aumentam e declinam em conjunto com o corpo, mesmo acomodando-os por si mesmos às mais transitórias alterações de nossa natureza física. O sono suspende muito das faculdades dos princípios vitais e intelectuais; a embriaguez e a doença, uma ou outra, poderá desarranjá-las temporária ou permanentemente. A loucura ou a idiotice pode extinguir completamente a mais delicada e excelente daquelas forças. Ao atingirmos idades avançadas, a mente gradualmente fenece; e do mesmo modo que ela cresceu e se fortaleceu com o corpo,

---

[8] Filósofo natural era a designação, existente ao longo do século XVIII e priomórdios do século XIX, para os cientistas que se dedicavam a definir, estudar e explicar os acontecimentos e as leis da natureza. (N.T.)

em conjunto com esse mesmo corpo mergulhará na decrepitude. Certamente, essas são evidências convincentes de que tão logo os órgãos do corpo são submetidos às leis da matéria inanimada, as sensações e percepções, bem como as compreensões, atingem o seu fim. É provável que o que nós chamamos de pensamento não seja um ser na acepção da palavra, mas nada mais do que a relação entre certas partes da massa infinitamente-variada, da qual o restante do universo é composto, e que cessa de existir tão logo aquelas partes trocam de posição com relação às outras. Deste modo, a cor, o som, o paladar e o odor existem apenas relativamente. Mas deixemos que o pensamento seja considerado como a substância mais peculiar, que permeia, e que é a causa da razão de ser dos seres vivos. Por que esta substância deveria assumir ser algo essencialmente distinta de todas as outras, e isenta da submissão àquelas leis pelas quais nenhuma outra substância está dispensada? Ela difere, de fato, de todas as outras substâncias, como a eletricidade, a luz e o magnetismo, e as partes integrantes do ar e da terra, distintamente diferindo de todas as outras. Cada uma dessas é sujeita à mudança e à decadência, e à conversão em outras formas, ainda que a diferença entre a luz e a terra não seja maior do que aquela existente entre a vida, ou o pensamento, e o fogo. A diferença entre as duas últimas não pode nunca ser o pressuposto para a eterna permanência de uma das duas, naquela forma sob a qual elas inicialmente podem se auto-oferecer à nossa consideração. Por que a diferença entre as duas últimas substâncias deveria ser um argumento para o prolongamento da existência de uma e de outras, quando a existência de ambas atingem o seu fim aparente?

into decrepitude. Assuredly these are convincing evidences that so soon as the organs of the body are subjected to the laws of inanimate matter, sensation, and perception, and apprehension, are at an end. It is probable that what we call thought is not an actual being, but no more than the relation between certain parts of that infinitely varied mass, of which the rest of the universe is composed, and which ceases to exist so soon as those parts change their position with regard to each other. Thus colour, and sound, and taste, and odour exist only relatively. But let thought be considered as some peculiar substance, which permeates, and is the cause of, the animation of living beings. Why should that substance be assumed to be something essentially distinct from all others, and exempt from subjection to those laws from which no other substance is exempt? It differs, indeed, from all other substances, as electricity, and light, and magnetism, and the constituent parts of air and earth, severally differ from all others. Each of these is subject to change and to decay, and to conversion into other forms. Yet the difference between light and earth is scarcely greater than that which exists between life, or thought, and fire. The difference between the two former was never alleged as an argument for the eternal permanence of either, in that form under which they first might offer themselves to our notice. Why should the difference between the two latter substances be an argument for the prolongation of the existence of one and not the other, when the existence of both has arrived at their apparent termination? To say that fire exists without manifesting any of the properties of fire, such as light, heat, etc., or that the principle of life exists without consciousness, or memory, or desire, or motive, is to resign, by an awkward distortion of language, the affirmative of the dispute. To say that the principle of life MAY exist in distribution among various forms, is to assert what cannot be proved to be either true or false, but which, were it true, annihilates all hope of existence after death, in any sense in which that event can belong to the hopes and fears of men. Suppose, however, that the intellectual and vital principle differs in the most marked and essential manner from all other known substances; that they have all some resemblance between themselves which it in no degree participates. In what manner can this concession be made an argument for its imperishability? All that we see or know perishes and is changed. Life and thought differ indeed from everything else. But that it survives that period, beyond which we have no experience of its existence, such distinction and dissimilarity affords no shadow of proof, and nothing but our own desires could have led us to conjecture or imagine. Have we existed before birth? It is difficult to conceive the possibility of this. There is, in the generative principle of each animal and plant, a power which converts the substances by which it is surrounded into a substance homogeneous with itself. That is, the relations between certain elementary particles of matter undergo a change, and submit to new combinations. For when we use the words PRINCIPLE, POWER, CAUSE, we mean to express no real being, but only to class under those

Afirmar que o fogo existe sem a manifestação de qualquer das propriedades do fogo, tais como a luz, o calor, etc, ou que o princípio da vida exista sem a consciência, ou a memória, ou desejo, ou motivação, é renunciar, através de uma estranha distorção da linguagem, à afirmativa da controvérsia. Afirmar que o princípio da vida POSSA existir na distribuição entre as várias formas, é declarar que isto não pode ser provado, sendo verdadeiro ou falso, mas que, se for verdadeiro, aniquilará toda a esperança da existência do pós-morte, em qualquer juízo uma vez que aquele evento pode pertencer às esperanças e temores dos homens. Suponha, entretanto, que os princípios intelectual e vital diferem das maneiras mais essenciais e sinalizadas de todas as outras substâncias conhecidas; que eles possuem todas as semelhanças particulares entre eles próprios sem a participação do outro em outro grau. De qual modo esta concessão pode ser produzida como argumento para a sua permanência? Tudo o que vemos e conhecemos perece e está em mudança. A vida e o pensamento diferem verdadeiramente de tudo o mais. Deste modo, ela sobrevive à sua época, além daquilo que não temos como experiência de sua existência, com tais distinções e desigualdades que não permitem nenhuma sombra de prova, e nada além de nossos próprios desejos que nos pudesse conduzir à conjectura ou à imaginação. Nós existimos antes do nascimento? É difícil conceber a possibilidade disto. Há no princípio gerador de cada animal e planta, um poder que converte as substâncias pelas quais ele está cercado por outras substâncias homogêneas com ele mesmo. Esta é a relação entre certos princípios elementares da matéria passíveis de alteração e submetidos a novas combinações. Pois, quando utilizamos as palavras PRINCÍPIO, FORÇA, CAUSA, nós temos a intenção de expressar um ser que não é real, mas que somente é classificado sob aqueles termos de uma série fixa de fenômenos coexistentes; mas suponhamos que este princípio seja uma substância definida que escapa à observação do químico e do anatomista. Isso certamente PODE ocorrer, apesar de ser alegado suficientemente e de um modo nada filosófico, a possibilidade de uma opinião ser prova de sua veracidade. Ele vê, ouve e sente, antes mesmo de sua combinação com aqueles órgãos das quais essas sensações dependem? Ele raciocina, imagina e compreende sem aqueles conceitos que somente as sensações podem lhe comunicar? Se nós não existimos antes do nascimento; se, no período quando os meios essenciais de nossa natureza, pelos quais o pensamento e a vida dependem, parecem estar sendo entrelaçados; se não há razão para supor que nós tenhamos existido antes daquele período no qual nossa existência aparentemente inicia, então não há nenhum fundamento para suposição de que continuemos a existir depois que a nossa existência aparentemente termine. Até este ponto onde o pensamento se relaciona, o mesmo desejo toma lugar com respeito ao uso, individualmente considerado, após a morte, como colocado antes de nosso nascimento.

Costuma-se ser dito que é possível que continuemos a existir de um modo totalmente inconcebível a nós neste momento. Isto é uma presunção das mais irracionais. Ela se lança sobre os partidários da aniquilação do peso de se provar a negativa de uma questão, a afirmação que não é apoiada por um simples argumento, e que, por sua absoluta natureza, repousa além da

terms a certain series of co-existing phenomena; but let it be supposed that this principle is a certain substance which escapes the observation of the chemist and anatomist. It certainly MAY BE; though it is sufficiently unphilosophical to allege the possibility of an opinion as a proof of its truth. Does it see, hear, feel, before its combination with those organs on which sensation depends? Does it reason, imagine, apprehend, without those ideas which sensation alone can communicate? If we have not existed before birth; if, at the period when the parts of our nature on which thought and life depend, seem to be woven together; if there are no reasons to suppose that we have existed before that period at which our existence apparently commences, then there are no grounds for supposition that we shall continue to exist after our existence has apparently ceased. So far as thought is concerned, the same will take place with regard to use, individually considered, after death, as had place before our birth.

It is said that it, is possible that we should continue to exist in some mode totally inconceivable to us at present. This is a most unreasonable presumption. It casts on the adherents of annihilation the burthen of proving the negative of a question, the affirmative of which is not supported by a single argument, and which, by its very nature, lies beyond the experience of the human understanding. It is sufficiently easy, indeed, to form any proposition, concerning which we are ignorant, just not so absurd as not to be contradictory in itself, and defy refutation. The possibility of whatever enters into the wildest imagination to conceive is thus triumphantly vindicated. But it is enough that such assertions should be either contradictory to the known laws of nature, or exceed the limits of our experience, that their fallacy or irrelevancy to our consideration should be demonstrated. They persuade, indeed, only those who desire to be persuaded. This desire to be for ever as we are; the reluctance to a violent and unexperienced change, which is common to all the animated and inanimate combinations of the universe, is, indeed, the secret persuasion which has given birth to the opinions of a future state.

experiência do entendimento humano. De fato, é suficientemente fácil criar qualquer proposição, a respeito daquilo que ignoramos, não sendo apenas absurda como também contraditória em si, e desafiando refutação. A possibilidade do que quer que seja ingressar na mais selvagem imaginação ao conceber é deste modo justificada de forma triunfal. Assim, é suficiente que tais afirmações devam ser também contraditórias às leis conhecidas da natureza, ou exceder os limites de nossa experiência, e que a fraude e a irrelevância delas às nossas considerações sejam demonstradas. Assim, elas persuadem somente aqueles que desejam ser persuadidos. Este desejo de existir para sempre que possuímos; a relutância a uma mudança violenta e ainda não experimentada, que é comum a todas as combinações animadas e inanimadas do universo, é, realmente, o convencimento secreto que dá nascimento às opiniões de uma existência futura.

1815; publicado em 1840.

Sobre as Expeculações da Punição da Morte

ON THE PUNISHMENT OF DEATH SPECULATIONS

UM FRAGMENTO

A primeira lei que cabe a um Reformador propor e apoiar, na abordagem de uma época de grande mudança política, é a abolição da punição da morte.

Fica suficientemente claro que a vingança, a retaliação, a reparação e a expiação são regras e motivos, tão distante do merecimento de um lugar em um sistema de vida política esclarecido, que se tornam fontes principais de uma extraordinária classe de sofrimentos nos círculos domésticos da sociedade. Fica claro que embora o espírito das leis possa mostrar-se ao compor as instituições sob máximas filosóficas maiores, ele tem até o presente momento, naqueles casos que são denominados criminosos, feitos pouco mais que aliviar o espírito, pela gratificação de uma porção dele; e permitido um compromisso entre o que seja melhor – a imposição de nenhuma perversidade sobre um ser sensível, sem um resultado decisivamente benéfico no

A FRAGMENT

The first law which it becomes a Reformer to propose and support, at the approach of a period of great political change, is the abolition of the punishment of death.

It is sufficiently clear that revenge, retaliation, atonement, expiation, are rules and motives, so far from deserving a place in any enlightened system of political life, that they are the chief sources of a prodigious class of miseries in the domestic circles of society. It is clear that however the spirit of legislation may appear to frame institutions upon more philosophical maxims, it has hitherto, in those cases which are termed criminal, done little more than palliate the spirit, by gratifying a portion of it; and afforded a compromise between that which is bests—the inflicting of no evil upon a sensitive being, without a decisively beneficial result in which he should at least participates—and that which is worst; that he should be put to torture for the amusement of those whom he may have injured, or may seem to have injured.

Omitting these remoter considerations, let us inquire what, DEATH is; that punishment which is applied as a measure of transgressions of indefinite shades of distinction, so soon as they shall have passed that degree and colour of enormity, with which it is supposed no, inferior infliction is commensurate.

And first, whether death is good or evil, a punishment or a reward, or whether it be wholly indifferent, no man can take upon himself to assert. That that within us which thinks and feels, continues to think and feel after the dissolution of the body, has been the almost universal opinion of mankind, and the accurate philosophy of what I may be permitted to term the modern Academy, by showing the prodigious depth and extent of our ignorance respecting the causes and nature of sensation, renders probable the affirmative of a proposition, the negative of which it is so difficult to conceive, and the popular arguments against which, derived from what is called the atomic system, are proved to be applicable only to the relation which one object bears to another, as apprehended by the mind, and not to existence itself, or the nature of that essence which is the medium and receptacle of objects.

The popular system of religion suggests the idea that the mind, after death, will be painfully or pleasurably affected according to its determinations during life. However ridiculous and pernicious we must admit the vulgar accessories of this creed to be, there is

vulgares desta crença, há uma analogia exata, não completamente absurda, entre as conseqüências resultantes das virtudes e vícios, prudências e imprudências de um indivíduo ao longo da vida, fruto de suas ações externas, com aquelas conseqüências que são supostas ao seguir a disciplina e a ordem de seus pensamentos interiores, como influência de sua condição em uma existência futura. De fato, elas omitem ao avaliar os incidentes das doenças, do temperamento, da organização e da circunstância junto com a grande quantidade de agentes independentes que afetam as opiniões, a conduta, e a felicidade dos indivíduos, e produzem definições da força de vontade, e modificam o julgamento, assim como produz efeitos dos mais opostos dentro das naturezas consideradas similares. Estas são aquelas operações na ordem de toda a natureza, que tendem – o que estamos inclinados a acreditar – a algum fim, poderoso e definitivo, pelos quais os agentes de nossa peculiar natureza estão subordinados; não há qualquer razão de se supor, que em uma existência futura, eles tornar-se-iam repentinamente isentos daquela subordinação. O filósofo é incapaz de determinar se nossa vida em uma existência anterior foi afetada por nossa condição presente, e se abstém de concluir se a nossa condição presente nos afetará naquela que poderá vir a ser. Pois, se continuarmos a existir, os hábitos de nossa existência como tais não sofrerão interferências ou conjecturas, permitidos por uma consideração de nossa experiência terrestre, podendo esclarecê-los e sendo suficientemente óbvios. A opinião de que o princípio vital dentro de nós, qualquer que seja o meio pelo qual ele possa continuar a existir, deve perder aquela autoconsciência de um ser definido e individual que ora nos caracteriza, e tornar-se uma unidade na ampla soma de

the vast sum of action and of thought which disposes and animates the universe, and is called God, seems to belong to that class of opinion which has been designated as indifferent.

To compel a person to know all that can be known by the dead concerning that which the living fear, hope, or forget; to plunge him into the pleasure or pain which there awaits him; to punish or reward him in a manner and in a degree incalculable and incomprehensible by us; to disrobe him at once from all that intertexture of good and evil with which Nature seems to have clothed every form of individual existence, is to inflict on him the doom of death.

A certain degree of pain and terror usually accompany the infliction of death. This degree is infinitely varied by the infinite variety in the temperament and opinions of the sufferers. As a measure of punishment, strictly so considered, and as an exhibition, which, by its known effects on the sensibility of the sufferer, is intended to intimidate the spectators from incurring a similar liability, it is singularly inadequate.

Firstly, Persons of energetic character, in whom, as in men who suffer for political crimes, there is a large mixture of enterprise, and fortitude, and disinterestedness, and the elements, though misguided and disarranged, by which the strength and happiness of a nation might have been cemented, die in such a manner, as to make death appear not evil, but good. The death of what is called a traitor, that is, a person who, from whatever motive, would abolish the government of the day, is as often a triumphant exhibition of suffering virtue, as the

ações e de pensamentos que dispõe e anima o universo, e é chamada de Deus, parecendo pertencer àquela classe de opinião que tem sido designada como indiferente.

Compelir uma pessoa a conhecer tudo o que pode ser conhecido sobre a morte referente ao temor daqueles que vivem, a esperança, ou o esquecimento; mergulhá-lo dentro do prazer ou da dor que lá o aguarda; puni-lo ou recompensá-lo de uma maneira e em um grau incalculável e incompreensível por nós; despojá-lo de uma vez por todas de toda aquela tessitura do bem e do mal com a qual a Natureza parece ter vestido cada forma de existência individual, é lhe impor a maldição da morte.

Um certo grau de pânico e de terror geralmente acompanha a imposição da morte. Este grau é infinitamente variado pela variedade infinita de temperamentos e opiniões dos sofredores. Como uma medida de punição singularmente inadequada e estritamente considerada deste modo, como sendo uma exposição, que pelos conhecidos efeitos sobre a sensibilidade do sofredor é destinada a intimidar os espectadores a partir da ocorrência de um endividamento semelhante.

Primeiramente, pessoas de personalidade enérgica, nas quais, como nos homens que sofrem crimes políticos, há uma grande mistura de ousadia, de coragem, e de desinteresse, e dos elementos, apesar de enganados e confundidos, pela força e pela felicidade de uma nação que pode ser fortificada, morrem de tal maneira, como se a morte não se mostrasse má, mas sim boa. A morte daquele que é chamado de traidor, que é uma pessoa que, qualquer que seja o motivo, revoga o governo estabelecido, é tão freqüentemente uma exibição triunfante da virtude do sofrer quanto à advertência de um culpado. A multidão, ao invés de partir com uma aterrorizada aprovação das leis que expõe tal espetáculo, são inspiradas pela piedade, admiração e simpatia; e o mais generoso dentre eles sente uma necessidade de imitação dos autores de tais emoções glorificadas, à medida que eles experimentam a comoção dentro de seus peitos. Impressionado pelo o que eles vêem e sentem, eles não fazem distinção entre os motivos que incitaram os criminosos à ação pelas quais agora sofrem, ou a coragem heróica com a qual eles transformaram a bondade que seus algozes consideraram como sendo maléfica ou o propósito em si daquelas ações, mesmo que os propósitos venham a ser, de modo tão eminente, perniciosos. As leis nesse caso perdem a sua aprovação, pois convém ser a matéria principal da segurança, e na participação do que consiste a força principal na manutenção daquelas sanções pelas quais as partes da unidade social são atadas, de modo que produza, o mais rapidamente possível, os fins à qual foi instituída.

Em segundo lugar: pessoas de personalidade enérgica, em comunidades não modeladas com a destreza filosófica para transformar todas as energias que elas contem nos propósitos do bem-comum, são inclinadas também a cair na tentação da obrigação, e são estranhamente adaptadas a despistar os perigos que acompanham sua consumação, o maior dos crimes. Assassinato, estupros, extensiva corrupção são as ações de pessoas que pertencem a esta categoria; e a morte é a penalidade de suas convicções. Mas a brutalidade da organização, peculiar aos homens capazes de cometer atos de completo egoísmo, é geralmente encontrada como sendo associada com uma

warning of a culprit. The multitude, instead of departing with a panic-stricken approbation of the laws which exhibited such a spectacle, are inspired with pity, admiration and sympathy; and the most generous among them feel an emulation to be the authors of such flattering emotions, as they experience stirring in their bosoms. Impressed by what they see and feel, they make no distinctive between the motives which incited the criminals to the action for which they suffer, or the heroic courage with which they turned into good that which their judges awarded to them as evil or the purpose itself of those actions, though that purpose may happen to be eminently pernicious. The laws in this case lose their sympathy, which it ought to be their chief object to secure, and in a participation of which consists their chief strength in maintaining those sanctions by which the parts of the social union are bound together, so as to produce, as nearly as possible, the ends for which it is instituted.

Secondly: Persons of energetic character, in communities not modelled with philosophical skill to turn all the energies which they contain to the purposes of common good, are prone also to fall into the temptation of undertaking, and are peculiarly fitted for despising the perils attendant upon consummating, the most enormous crimes. Murder, rapes, extensive schemes of plunder are the actions of persons belonging to this class; and death is the penalty of conviction. But the coarseness of organization, peculiar to men capable of committing acts wholly selfish, is usually found to be associated with a proportionate insensibility to fear or pain. Their sufferings communicate to those of the spectators, who may be liable to the commission of similar crimes a sense of the lightness of that event, when closely examined which, at a distance, as uneducated persons are accustomed to do, probably they regarded with horror. But a great majority of the spectators are so bound up in the interests and the habits of social union that no temptation would be sufficiently strong to induce them to a commission of the enormities to which this penalty is assigned. The more powerful, and the richer among them,—and a numerous class of little tradesmen are richer and more powerful than those who are employed by them, and the employer, in general, bears this relation to the employed,—regard their own wrongs as, in some degree, avenged, and their own rights secured by this punishment, inflicted as the penalty of whatever crime. In cases of murder or mutilation, this feeling is almost universal. In those, therefore, whom this exhibition does not awaken to the sympathy which extenuates crime and discredits the law which restrains it, it produces feelings more directly at war with the genuine purposes of political society. It excites those emotions which it is the chief object of civilization to extinguish for ever, and in the extinction of which alone there can be any hope of better institutions than those under which men now misgovern one another. Men feel that their revenge is gratified, and that their security is established by the extinction and the sufferings of

insensibilidade proporcionada pelo medo ou pela dor. Seus sofrimentos comunicam a todos aqueles espectadores que podem estar inclinados a cometer crimes semelhantes um sentimento de clareza daquele evento, quando examinado amiúde que, à distância, como pessoas sem instrução estão acostumadas a fazer, provavelmente lhes impingiria horror. Mas a grande maioria dos espectadores está tão unida aos interesses e aos hábitos da unidade social que nenhuma tentação seria suficientemente forte para induzi-la a uma comissão das atrocidades as quais esta penalidade é associada. O mais poderoso e o mais rico entre eles – e uma numerosa categoria de pequenos comerciantes são mais ricos e mais poderosos que aqueles que são empregados por eles, sendo que o empregador, em geral, ostenta essa relação junto ao empregado – reflete sobre os seus próprios erros como se, em determinado grau, vingados, e seus próprios diretos assegurados por esta punição, imposta como a penalidade de qualquer que seja o crime. Em casos de assassinato ou mutilação, este sentimento é praticamente universal. Naqueles, por conseguinte, a quem esta exibição não desperta para a compaixão que extenua o crime e os descréditos da lei que a restringe, são produzidos sentimentos mais corretamente associados à guerra com propósitos genuínos de uma sociedade política. O sentimento primeiro estimula aquelas emoções cuja matéria principal da civilização é a extinção para todo o sempre, e na extinção daquilo que unicamente pode existir na esperança de melhores instituições do que aquelas sob as quais os homens agora governam uns aos outros. Os homens sentem que suas vinganças são gratificantes e que sua segurança está estabelecida pela extinção e pelo sofrimento dos seres, na maioria das vezes assemelhando-se a eles mesmos; e em suas ocupações diárias obrigando-os a uma forma meticulosa de todos os seus pensamentos, eles vêm se conectar inseparavelmente à idéia de sua vantagem própria com às da morte e tortura de outros. É manifestado que o objeto da política controlada seja diretamente o inverso disto; e que as leis fundadas a partir da razão, deveriam acostumar a vulgaridade brutal em associar suas idéias de segurança e de interesse de renovação, e do comedimento rígido, somente aos propósitos daqueles que possam invadi-las.

O desejo de vingança originalmente nada mais é que uma percepção habitual das idéias dos danos da pessoa que inflige um ferimento, conectadas como elas são a um estado de barbárie, ou em tais porções da sociedade que não são ainda disciplinadas à civilização, com a segurança de que tal dano não se repetirá no futuro. Este sentimento, gravado sob superstição e confirmado pelo hábito, ao final perde o contato com o único objeto pelo qual ele pode ser necessário para ser implantado, e torna-se uma paixão e um dever a serem perseguidos e realizados, mesmo sob o risco da destruição daqueles fins aos quais originalmente se remetiam. As outras paixões, tanto as boas quanto as más. A Avareza, o Remorso, o Amor e o Patriotismo se apresentam sob um aspecto similar; e a este princípio da mente além da marca sobre a qual ele se propõe, nós relacionamos tudo o que seja eminentemente a base ou grandioso dentro da natureza humana; o provimento para a alimentação ou extinção disto que consiste a verdadeira arte do legislador[9].

Esta é a fonte dos excessos equivocados do Remorso e da Vingança;

beings, in most respects resembling themselves; and their daily occupations constraining them to a precise form in all their thoughts, they come to connect inseparably the idea of their own advantage with that of the death and torture of others. It is manifest that the object of sane polity is directly the reverse; and that laws founded upon reason, should accustom the gross vulgar to associate their ideas of security and of interest with the reformation, and the strict restraint, for that purpose alone, of those who might invade it.

The passion of revenge is originally nothing more than an habitual perception of the ideas of the sufferings of the person who inflicts an injury, as connected, as they are in a savage state, or in such portions of society as are yet undisciplined to civilization, with security that that injury will not be repeated in future. This feeling, engrafted upon superstition and confirmed by habit, at last loses sight of the only object for which it may be supposed to have been implanted, and becomes a passion and a duty to be pursued and fulfilled, even to the destruction of those ends to which it originally tended. The other passions, both good and evil. Avarice, Remorse, Love, Patriotism, present a similar appearance; and to this principle of the mind over-shooting the mark at which it aims, we owe all that is eminently base or excellent in human nature; in providing for the nutriment or the extinction of which, consists the true art of the legislator.

This is the source of the erroneous excesses of Remorse and Revenge; the one extending itself over the future, and the other over the past; provinces in which their suggestions can only be the sources of evil. The purpose of a resolution to act more wisely and virtuously in future, and the sense of a necessity of caution in repressing an enemy, are the sources from which the enormous superstitions implied in the words cited have arisen*.

Nothing is more clear than that the infliction of punishment in general, in a degree which the reformation and the restraint of those who transgress the laws does not render indispensable, and none more than death, confirms all the inhuman and unsocial impulses of men. It is almost a proverbial remark, that those nations in which the penal code has been particularly mild, have been distinguished from all others by the rarity of crime. But the example is to be admitted to be equivocal. A more decisive argument is afforded by a consideration of the universal connexion of ferocity of manners, and a contempt of social ties, with the contempt of human life. Governments which derive their institutions from the existence of circumstances of barbarism and violence, with some rare exceptions perhaps, are bloody in proportion as they are despotic, and form the manners of their subjects to a sympathy with their own spirit.

*The savage and the illiterate are but faintly aware of the distinction between the future and the past; they make actions belonging to periods so distinct, the subjects of similar feelings; they live only in the present, or in the past, as it is present. It is in this that the philosopher excels one of the many; it is this which distinguishes the doctrine of philosophic necessity from fatalism; and that determination of the will, by which it is the active source of future events, from that liberty or indifference, to which the abstract liability of irremediable actions is attached, according to the notions of the vulgar.

um estendendo por si sobre o futuro, e o outro sobre o passado; atuando cada qual sobre suas influências que podem ser somente as fontes do mal. O propósito de uma resolução em se agir mais sabia e virtuosamente no futuro, e o senso de uma necessidade de precaução ao reprimir um inimigo são as fontes pelas quais surgem as enormes superstições implicadas nas palavras citadas[9].

Nada é mais claro do que aquela imposição de punição em geral, em um grau onde a reabilitação e a contenção daqueles que transgridem as leis não se tornam mais indispensáveis, e nada, além da morte, confirma todos os impulsos desumanos e não voltados para o bem social dos homens. É praticamente uma constatação proverbial que aquelas nações, cujos códigos penais são particularmente suaves, distinguiram-se das demais pela raridade do crime. Mas o exemplo a ser adotado é duvidoso. Um argumento mais acertado é permitido através da consideração das conexões universais da crueldade das atitudes, e do desprezo pelos laços sociais em relação ao desprezo pela vida humana. Os governos que produzem suas instituições a partir da existência de circunstâncias da barbárie e da violência, talvez com algumas raras exceções, são violentos na mesma proporção em que são despóticos e moldam as atitudes de seus subordinados à afinidade com seus próprios ideais.

[9] O selvagem e o iletrado encontram-se fracamente despertos para a distinção entre o futuro e o passado; eles apenas agem pertencendo a períodos muito distintos, nos temas de sentimentos similares; eles vivem somente no presente, ou no passado, como se este fosse o presente. É nisto que o filósofo se destaca entre tantos; é nisto que se distingue a doutrina da necessidade filosófica do fatalismo; e que se distingue a determinação da vontade, que é a fonte ativa dos eventos futuros, da liberdade ou da indiferença, que é o compromisso abstrato das ações irremediáveis a qual está associada, de acordo com as noções da pessoa comum.

Os observadores que não sentem repulsa a uma execução pública, mas sim uma superioridade autoproclamada, e um senso de indignação gratificada, são certamente instigados às emoções das mais nefastas. A primeira reflexão sobre isto é a percepção de suas próprias qualidades internas e de seu valor real, preferível às da vítima, cujas circunstâncias a levaram à destruição. O mais ignóbil dos infelizes é marcado com o sentimento comparativo de seus próprios méritos. Ele é daqueles sobre quem a torre de Siloé não desabou[10] – ele é aquele a quem Jesus Cristo não encontrou em nenhum lugar de toda Samaria, a quem, por acreditar em sua própria alma, atira a primeira pedra na mulher descoberta em adultério[11]. A religião popular do estado é denominada a partir dessas ilustres pessoas cuja beleza de sentimentos acabei de citar. Qualquer um que separou das doutrinas dessa pessoa o véu da familiaridade perceberá quão adverso são as suas almas com relação aos sentimentos dessa natureza.

The spectators who feel no abhorrence at a public execution, but rather a self-applauding superiority, and a sense of gratified indignation, are surely excited to the most inauspicious emotions. The first reflection of such a one is the sense of his own internal and actual worth, as preferable to that of the victim, whom circumstances have led to destruction. The meanest wretch is impressed with a sense of his own comparative merit. He is one of those on whom the tower of Siloam fell not—he is such a one as Jesus Christ found not in all Samaria, who, in his own soul, throws the first stone at the woman taken in adultery. The popular religion of the country takes its designation from that illustrious person whose beautiful sentiment I have quoted. Any one who has stript from the doctrines of this person the veil of familiarity, will perceive how adverse their spirit is to feelings of this nature.

1815; publicado em 1840.

---

[10] Lucas, cap. 13, v.2-4: "Pensais que estes galileus eram mais pecadores do que todos os outros galileus, por terem sofrido tal coisa? Digo-vos que não. E se não vos converterdes, todos morrereis do mesmo modo. Ou aqueles dezoito sobre os quais caiu a torre de Siloé e os matou, pensais que eram mais culpados do que todos os outros que moram em Jerusalém?" (N.T.)

[11] João, cap. 8, v.3-8: "Então os escribas e fariseus trouxeram uma mulher apanhada em adultério, colocaram-na no meio do círculo e disseram a Jesus: 'Mestre, esta mulher foi surpreendida em flagrante adultério. Na Lei, Moisés nos manda apedrejar as adúlteras; mas tu o que dizes?' Perguntavam isto para testá-lo, a fim de terem do que o acusar. Jesus, porém, inclinou-se e começou a escrever com o dedo no chão. Como insistissem em perguntar, ergueu-se e lhes disse: 'Aquele de vós que estiver sem pecado atire-lhe a primeira pedra'" (N.T.)

Sobre as Expeculações Metafísicas

On Metaphysics Speculations

I — THE MIND

It is an axiom in mental philosophy, that we can think of nothing which we have not perceived. When I say that we can think of nothing, I mean, we can imagine nothing, we can reason of nothing, we can remember nothing, we can foresee nothing. The most astonishing combinations of poetry, the subtlest deductions of logic and mathematics, are no other than combinations which the intellect makes of sensations according to its own laws. A catalogue of all the thoughts of the mind, and of all their possible modifications, is a cyclopedic history of the universe.

But, it will be objected, the inhabitants of the various planets of this and other solar systems; and the existence of a Power bearing the same relation to all that we perceive and are, as what we call a cause does to what we call effect, were never subjects of sensation, and yet the laws of mind

I – A MENTE

É um axioma da filosofia do pensamento que possamos refletir sobre nada daquilo que nós não tenhamos percebido. Quando digo que nós podemos refletir sobre nada, quero dizer, que nós podemos imaginar o nada, que podemos pensar o nada, podemos lembrar o nada, podemos antever o nada. As combinações mais surpreendentes da poesia, as deduções mais sutis da lógica e da matemática, não são outras senão as combinações que o intelecto produz, senão as sensações oriundas de suas próprias leis. Um catálogo de todos os pensamentos da mente e de todas as suas possíveis modificações é uma história enciclopédica do universo.

Mas isso impediria os habitantes dos vários planetas deste e de outros sistemas solares, além da existência de uma Força portadora da mesma relação de tudo aquilo que percebemos e somos, como aquilo que denominamos causa faz aquilo que denominamos efeito, de nunca serem temas de sensações, ainda que as leis da mente sejam universalmente sugeridas, de acordo com as várias disposições de cada um, como uma conjectura, uma persuasão ou uma convicção de suas existências. A resposta é simples: esses pensamentos também devem ser incluídos no catálogo da existência; eles são o estilo no qual os pensamentos são combinados; a objeção somente adiciona força à conclusão, pois além dos limites da percepção e do pensamento nada pode existir.

Os pensamentos, idéias ou noções – sejam elas definidas como bem os entendermos – diferem um dos outros, não somente em forma, mas também em força. Freqüentemente, supõe-se que estes distintos pensamentos que afetam um sem número de pessoas, em intervalos regulares, durante a passagem de uma grande quantidade de outros pensamentos, que são chamados OBJETOS REAIS ou EXTERNOS, são totalmente diferente em gênero daqueles que afetam somente algumas poucas pessoas e que ocorrem periodicamente em intervalos irregulares e que são geralmente mais obscuros e indistintos, tais como alucinações, sonhos e as idéias da insanidade. Nenhuma distinção essencial entre qualquer uma dessas idéias, ou entre qualquer tipo delas, é encontrada em uma observação correta da natureza dos objetos, mas somente sobre uma consideração de quais pensamentos são mais invariavelmente subservientes à segurança e à felicidade da vida; e se nada mais era expresso pela distinção, o filósofo pode seguramente acomodar sua linguagem àquela linguagem da pessoa comum. Mas eles vêm afirmar que há uma diferença essencial que não possui nenhum fundamento na verdade, e que sugere uma concepção estreita e falsa sobre a natureza do univero, a origem dos erros mais fatais na especulação. Uma diferença específica entre todo o pensamento da mente é, na

almost universally suggest, according to the various disposition of each, a conjecture, a persuasion, or a conviction of their existence. The reply is simple; these thoughts are also to be included in the catalogue of existence; they are modes in which thoughts are combined; the objection only adds force to the conclusion, that beyond the limits of perception and thought nothing can exist.

Thoughts, or ideas, or notions, call them what you will, differ from each other, not in kind, but in force. It has commonly been supposed that those distinct thoughts which affect a number of persons, at regular intervals, during the passage of a multitude of other thoughts, which are called REAL or EXTERNAL OBJECTS, are totally different in kind from those which affect only a few persons, and which recur at irregular intervals, and are usually more obscure and indistinct, such as hallucinations, dreams, and the ideas of madness. No essential distinction between any one of these ideas, or any class of them, is founded on a correct observation of the nature of things, but merely on a consideration of what thoughts are most invariably subservient to the security and happiness of life; and if nothing more were expressed by the distinction, the philosopher might safely accommodate his language to that of the vulgar. But they pretend to assert an essential difference, which has no foundation in truth, and which suggests a narrow and false conception of universal nature, the parent of the most fatal errors in speculation. A specific difference between every thought of the mind, is, indeed, a necessary consequence of that law by which it perceives diversity and number; but a generic and essential difference is wholly arbitrary. The principle of the agreement and similarity of all thoughts, is, that they are all thoughts; the principle of their disagreement consists in the variety and irregularity of the occasions on which they arise in the mind. That in which they agree, to that in which they differ, is as everything to nothing. Important distinctions, of various degrees of force, indeed, are to be established between them, if they were, as they may be, subjects of ethical and economical discussion; but that is a question altogether distinct. By considering all knowledge as bounded by perception, whose operations may be indefinitely combined, we arrive at a conception of Nature inexpressibly more magnificent, simple and true, than accords with the ordinary systems of complicated and partial consideration. Nor does a contemplation of the universe, in this comprehensive and synthetical view, exclude the subtlest analysis of its modifications and parts.

A scale might be formed, graduated according to the degrees of a combined ratio of intensity, duration, connexion, periods of recurrence, and utility, which would be the standard, according to which all ideas might be measured, and an uninterrupted chain of nicely shadowed distinctions would be observed, from the faintest impression on the senses, to the most distinct combination of those impressions; from the simplest of those combinations, to that mass of knowledge which, including our own nature, constitutes what we call the universe.

verdade, uma conseqüência necessária daquela lei pela qual ela percebe a diversidade e sua variedade; mas uma diferença genérica e essencial é arbitrária de uma forma total e completa. O princípio da concordância e da similaridade de todos os pensamentos é aqueles nos quais encontram-se todos os pensamentos; o princípio da discordância consiste na variedade e na irregularidade das ocasiões nas quais eles surgem na mente. Mas há algo no que eles concordam, sobre o que eles diferem, que tudo é absolutamente nada. As distinções importantes, nos vários graus de força como de fato é o que se estabelece entre eles, se eles fossem, como eles podem ser, temas de discussão ética e econômica; mas essa é uma outra questão em seu todo distinta. Ao considerarmos todo o conhecimento como estando ligado à percepção, cujas operações podem ser indefinidamente combinadas, chegamos à concepção da natureza mais inex-pressivel e magnífica, simples e verdadeira, do que àquelas que estão harmonizadas com os sistemas ordinários de considerações complicadas e parciais. Nem tão pouco, uma contemplação do universo, nesta visão compreensiva e sintética, exclui a análise sutil de suas modificações e partes.

Uma escala pode ser formada, medida de acordo com os graus de uma relação combinada de intensidade, duração, conexão, seus períodos de recorrência e utilidade, sendo assim padronizada, de acordo com as idéias que podem ser medidas, e uma cadeia ininterrupta de distinções agradavel-mente sombreadas seria observada, a partir da mais tênue impressão dos sentidos até a mais distinta combinação daquelas impressões; a partir da mais simples daquelas combinações até aquela grande quantidade de conhecimento que, incluindo a nossa própria natureza, constitui o que nós chamamos de universo.

De maneira intuitiva, nós somos cônscios de nossa própria existência, e daquela conexão existente em nossas idéias sucessivas que determinamos como nossa identidade. Nós somos cônscios também da existência de outras mentes, mas não de forma intuitiva. Nossa evidência, que respeita a existência de outras mentes, é encontrada sobre uma mui complexa relação de idéias, que é estranha aos propósitos deste tratado de dissecação. A base desta relação é, indubitavelmente, uma recorrência periódica de grande quantidade de idéias, onde nossas determinações voluntárias não têm, de um modo peculiar, poder para circunscrever ou aprisionar, e contra a recorrência daquilo que somente eles podem fornecer de um modo imperfeito. As leis irresistíveis do pensamento obrigam-nos a acreditar que os limites precisos de nossas idéias atuais não são os limites atuais das idéias possíveis; a lei, de acordo com que são apresentadas essas deduções, é chamada de analogia; e esta é a fundação de todas as nossas inferências, de uma idéia até outra, na medida que elas são semelhantes umas às outras.

Vemos árvores, casas, campos, seres vivos de todas as formas, e em formatos mais ou menos análogos ao nosso próprio. Estes são perpetuamente alterados pelo modo de suas existências com relação a nós. Para expressar a variedade dessas formas, dizemos, NÓS NOS MOVEMOS, ELES SE MOVEM; e como esse movimento é contínuo, embora não uniforme, nós expressamos nossa concepção das diversidades de suas direções através de – ELE TEM SIDO, ELE É, ELE SERÁ. Estas diversidades são eventos ou objetos e são essenciais, se considerada a relatividade da identidade humana, através da existência do pensamento humano. Pois, se as desigualdades, produzidas pelo que tem sido determinado como operações do universo palpável, são niveladas pela percepção de nosso ser, unificando e preenchendo suas lacunas, movimentos e medidas, além do tempo e do espaço; os elementos do

We are intuitively conscious of our own existence, and of that connexion in the train of our successive ideas, which we term our identity. We are conscious also of the existence of other minds; but not intuitively. Our evidence, with respect to the existence of other minds, is founded upon a very complicated relation of ideas, which it is foreign to the purpose of this treatise to anatomize. The basis of this relation is, undoubtedly, a periodical recurrence of masses of ideas, which our voluntary determinations have, in one peculiar direction, no power to circumscribe or to arrest, and against the recurrence of which they can only imperfectly provide. The irresistible laws of thought constrain us to believe that the precise limits of our actual ideas are not the actual limits of possible ideas; the law, according to which these deductions are drawn, is called analogy; and this is the foundation of all our inferences, from one idea to another, inasmuch as they resemble each other.

We see trees, houses, fields, living beings in our own shape, and in shapes more or less analogous to our own. These are perpetually changing the mode of their existence relatively to us. To express the varieties of these modes, we say, WE MOVE, THEY MOVE; and as this motion is continual, though not uniform, we express our conception of the diversities of its course by – IT HAS BEEN, IT IS, IT SHALL BE. These diversities are events or objects, and are essential, considered relatively to human identity, for the existence of the human mind. For if the inequalities, produced by what has been termed the operations of the external universe, were levelled by the perception of our being, uniting and filling up their interstices, motion and mensuration, and time, and space; the elements of the human mind being thus abstracted, sensation and imagination cease. Mind cannot be considered pure.

II – WHAT METAPHYSICS ARE. ERRORS IN THE USUAL METHODS OF CONSIDERING THEM

We do not attend sufficiently to what passes within ourselves. We combine words, combined a thousand times before. In our minds we assume entire opinions; and in the expression of those opinions, entire phrases, when we would philosophize. Our whole style of expression and sentiment is infected with the tritest plagiarisms. Our words are dead, our thoughts are cold and borrowed.

Let us contemplate facts; let us, in the great study of ourselves, resolutely compel the mind to a rigid consideration of itself. We are not content with conjecture, and inductions, and syllogisms, in sciences regarding external objects. As in these, let us also, in considering the phenomena of mind, severely collect those facts which cannot be disputed. Metaphysics will thus possess this conspicuous advantage over every other science, that each student, by attentively referring to his own mind, may ascertain the authorities upon which any assertions regarding it are supported. There can thus be no deception, we ourselves being the depositaries of the evidence of the subject which we consider.

Metaphysics may be defined as an inquiry concerning those things belonging to, or connected with, the internal nature of man.

pensamento humano, sendo deste modo simplificados, acabam por cessar a percepção e a imaginação. A mente não pode ser considerada pura.

II – O QUE É A METAFÍSICA. OS EQUÍVOCOS SOBRE OS MÉTODOS USUAIS DE SUA CONSIDERAÇÃO

Nós não nos preocupamos suficientemente com aquilo que se passa dentro de nós mesmos. Combinamos palavras que já foram combinadas milhares de vezes antes de nós. Em nossas mentes, nós assumimos como nossas opiniões completas; e na expressão dessas opiniões, frases completas, quando filosofamos. Nosso estilo completo de expressão e sentimento está contaminado com as mais banais formas de plágio. Nossas palavras estão mortas, nossos pensamentos são frios e apropriados de outros.

Vamos contemplar os fatos; vamos, no grande estudo de nós mesmos, decididamente compelir a mente a uma rígida consideração de si mesma. Não nos contentemos com conjecturas e generalizações, e silogismos das ciências que se ocupam dos objetos palpáveis. Como nessas, vamos também, na consideração do fenômeno do pensamento, reunir rigorosamente aqueles fatos que não podem ser disputados. A Metafísica possuirá assim esta vantagem evidente sobre todas as outras ciências, pois cada estudante, referindo-se cuidadosamente a sua própria mente, possa se certificar das autoridades sobre as quais quaisquer considerações referentes a ela são apoiadas. Assim, não pode haver nenhuma decepção, sendo nós mesmos os depositários da evidência do tema que nós consideramos.

A Metafísica pode ser definida como uma investigação sobre tudo aquilo que pertence ou está conectado com a natureza interna do homem.

Afirma-se que a mente produz o movimento; e pode-se do mesmo modo afirmar que o movimento produz o pensamento.

III – A DIFICULDADE DE SE ANALISAR A MENTE HUMANA

Se fosse possível a uma pessoa fornecer uma história fiel de sua existência, desde as priscas eras de sua lembrança, a imagem apresentada seria a de um mundo nunca antes contemplado. Um espelho seria colocado diante de todos os homens onde eles poderiam contemplar suas próprias lembranças, e, em uma perspectiva esmaecida, suas tênues esperanças e medos – todas aquelas que não ousam, ou que ousando e desejando, eles não possam expor a plena luz do dia. Mas o pensamento pode com dificuldade visitar as intrincadas e tortuosas câmaras nas quais ele habita. É como um rio cujas rápidas e perpétuas correntes extrapolam as suas margens – como aquele que teme e que ao vagar pelos recessos de algum edifício assombrado, não ousa olhar para trás. As cavernas da mente são escuras e sombrias; ou impregnada com um belo e luminoso clarão, mas cujo brilho não se estende além de suas entradas. Se fosse possível estar onde estávamos antes, com vigor e verdadeiramente – se, no momento de nossa presença lá, pudéssemos definir os resultados de nossa experiência – se a passagem de uma sensação para uma reflexão – de um estado de percepção passiva para um de contemplação voluntária, não fossem tão estonteantes e turbulentos, esta tentativa seria com certeza menos complicada.

IV – COMO A ANÁLISE DEVERIA SER REALIZADA

A maioria dos equívocos dos filósofos surge da consideração do ser-

It is said that mind produces motion; and it might as well have been said, that motion produces mind.

III – DIFFICULTY OF ANALYSING THE HUMAN MIND

If it were possible that a person should give a faithful history of his being, from the earliest epochs of his recollection, a picture would be presented such as the world has never contemplated before. A mirror would be held up to all men in which they might behold their own recollections, and, in dim perspective, their shadowy hopes and fears – all that they dare not, or that, daring and desiring, they could not expose to the open eyes of day. But thought can with difficulty visit the intricate and winding chambers which it inhabits. It is like a river whose rapid and perpetual stream flows outwards; like one in dread who speeds through the recesses of some haunted pile, and dares not look behind. The caverns of the mind are obscure, and shadowy; or pervaded with a lustre, beautifully bright indeed, but shining not beyond their portals. If it were possible to be where we have been, vitally and indeed – if, at the moment of our presence there, we could define the results of our experience – if the passage from sensation to reflection – from a state of passive perception to voluntary contemplation, were not so dizzying and so tumultuous, this attempt would be less difficult.

IV – HOW THE ANALYSIS SHOULD BE CARRIED ON

Most of the errors of philosophers have arisen from

considering the human being in a point of view too detailed and circumscribed He is not a moral, and an intellectual,—but also, and pre-eminently, an imaginative being. His own mind is his law; his own mind is all things to him. If we would arrive at any knowledge which should be serviceable from the practical conclusions to which it leads, we ought to consider the mind of man and the universe as the great whole on which to exercise our speculations. Here, above all, verbal disputes ought to be laid aside, though this has long been their chosen field of battle. It imports little to inquire whether thought be distinct from the objects of thought. The use of the words EXTERNAL and INTERNAL, as applied to the establishment of this distinction, has been the symbol and the source of much dispute. This is merely an affair of words, and as the dispute deserves, to say, that when speaking of the objects of thought, we indeed only describe one of the forms of thought— or that, speaking of thought, we only apprehend one of the operations of the universal system of beings.

V – CATALOGUE OF THE PHENOMENA OF DREAMS, AS CONNECTING SLEEPING AND WAKING

1. Let us reflect on our infancy, and give as faithfully as possible a relation of the events of sleep.

And first I am bound to present a faithful picture of my own peculiar nature relatively to sleep. I do not doubt that were every individual to imitate me, it would be found that among many circumstances peculiar to their

me imitar, encontrar-se-ia entre muitas circunstâncias que são peculiares à natureza individual, aquela semelhança suficientemente comum que seria encontrada ao se provar a conexão existente entre aquelas peculiaridades e os fenômenos mais universais. Na verdade, teria cautela ao empregar os fatos que declaro por eles não conterem nada que seja falso ou exagerado. Eles contêm nada além que certas elucidações de minha própria natureza; a respeito do grau no qual ela se assemelha, ou difere de outras, estou de forma alguma plenamente consciente. Entretanto, é suficiente alertar ao leitor sobre as inferências gerais desenhadas a partir de instâncias particulares.

Omito as instâncias gerais da ilusão ocasionadas pela febre ou delírio, assim como os simples sonhos considerados por si mesmos. Uma delimitação deste tema, embora inesgotável e interessante, deve ser ignorada. Qual é a ligação entre estar dormindo e estar acordado?

2. De um modo bem claro, lembro-me de ter sonhado três vezes sempre o mesmo sonho, em intervalos de dois ou mais anos. Se bem que esse mesmo não pode ser chamado de sonho, pela definição comum: uma imagem isolada, desconectada de todas as outras imagens, de um jovem que estudou na mesma escola que eu, esta última surgindo também no sonho. Até hoje, depois de transcorridos tantos anos, não consigo ouvir o nome desse jovem, sem que os três lugares onde os sonhos com ele se ocorreram não surjam, com vida própria e distintamente, em minha mente.

3. Nos sonhos, as imagens adquirem peculiares associações ao sonhar; tanto que a idéia de uma casa em particular, quando recorrida por uma segunda vez nos sonhos, terá relação com a idéia da casa em si, na primeira vez, de uma

individual nature, a sufficiently general resemblance would be found to prove the connexion existing between those peculiarities and the most universal phenomena. I shall employ caution, indeed, as to the facts which I state, that they contain nothing false or exaggerated. But they contain no more than certain elucidations of my own nature; concerning the degree in which it resembles, or differs from, that of others, I am by no means accurately aware. It is sufficient, however, to caution the reader against drawing general inferences from particular instances.

I omit the general instances of delusion in fever or delirium, as well as mere dreams considered in themselves. A delineation of this subject, however inexhaustible and interesting, is to be passed over. What is the connexion of sleeping and of waking?

2. I distinctly remember dreaming three several times, between intervals of two or more years, the same precise dream. It was not so much what is ordinarily called a dream; the single image, unconnected with all other images, of a youth who was educated at the same school with myself, presented itself in sleep. Even now, after the lapse of many years, I can never hear the name of this youth, without the three places where I dreamed of him presenting themselves distinctly to my mind.

3. In dreams, images acquire associations peculiar to dreaming; so that the idea of a particular house, when it recurs a second time in dreams, will have relation with the idea of the same house, in the first time, of a nature entirely different from that

which the house excites, when seen or thought of in relation to waking ideas.

4. I have beheld scenes, with the intimate and unaccountable connexion of which with the obscure parts of my own nature, I have been irresistibly impressed. I have beheld a scene which has produced no unusual effect on my thoughts. After the lapse of many years I have dreamed of this scene. It has hung on my memory, it has haunted my thoughts, at intervals, with the pertinacity of an object connected with human affections. I have visited this scene again. Neither the dream could be dissociated from the landscape, nor the landscape from the dream, nor feelings, such as neither singly could have awakened, from both.

But the most remarkable event of this nature, which ever occurred to me, happened five years ago at Oxford. I was walking with a friend, in the neighbourhood of that city, engaged in earnest and interesting conversation. We suddenly turned the corner of a lane, and the view, which its high banks and hedges had concealed, presented itself. The view consisted of a wind-mill, standing in one among many plashy meadows, inclosed with stone walls; the irregular and broken ground, between the wall and the road on which we stood; a long low hill behind the windmill, and a grey covering of uniform cloud spread over the evening sky. It was that season when the last leaf had just fallen from the scant and stunted ash. The scene surely was a common scene; the season and the hour little calculated to kindle lawless thought; it was a tame uninteresting assemblage of objects, such as would

enfadonha de objetos desinteressantes que poderia dirigir a imaginação para o refúgio de uma conversa séria e lúcida, diante da lareira ao anoitecer, e para a sobremesa de inverno, composta por frutas e vinho. O efeito que produziram em mim não foi aquele que poderia experar. Repentinamente lembrei-me de ter visto a mesma cena em um sonho maior...[12]

drive the imagination for refuge in serious and sober talk, to the evening fireside, and the dessert of winter fruits and wine. The effect which it produced on me was not such as could have been expected. I suddenly remembered to have seen that exact scene in some dream of long...*

1815; publicado em 1840.

---

[12] Aqui fui obrigado a deixar tudo de lado, acometido por um terrível terror.

* Here I was obliged to leave off, overcome by thrilling horror.

Sobre a Moral

ON MORALS

I – PLAN OF A TREATISE ON MORALS

That great science which regards nature and the operations of the human mind, is popularly divided into Morals and Metaphysics. The latter relates to a just classification, and the assignment of distinct names to its ideas; the former regards simply the determination of that arrangement of them which produces the greatest and most solid happiness. It is admitted that a virtuous or moral action, is that action which, when considered in all its accessories and consequences, is fitted to produce the highest pleasure to the greatest number of sensitive beings. The laws according to which all pleasure, since it cannot be equally felt by all sensitive beings, ought to be distributed by a voluntary agent, are reserved for a separate chapter.

The design of this little treatise is restricted to the development of the elementary principles of morals. As far

I – PROJETO DE UM TRATADO SOBRE A MORAL

Aquela grande ciência que se refere às operações e natureza da mente humana é popularmente dividida em Moral e Metafísica. A última relaciona-se a uma justa classificação e à missão de distinguir os nomes de suas idéias; a primeira refere-se simplesmente à determinação daquela disposição de idéias que produz a maior e a mais sólida felicidade. Ela admite que uma ação virtuosa ou moral é aquela que, quando considerada em todas as suas conseqüências e acessórios, adapta-se ao produzir o mais alto grau de prazer ao maior número de seres sensíveis. As leis de acordo com todo este prazer, desde que não possa ser igualmente sentida por todos os seres sensíveis, devem ser distribuídas por um agente espontâneo e reservadas a um capítulo separado.

O projeto deste pequeno tratado é restrito ao desenvolvimento dos princípios elementares da moral. Até com relação aquele propósito, a ciência metafísica será tratada meramente como uma fonte de verdade negativa; enquanto que a moralidade será considerada como uma ciência, respeitando o que podemos obeter como conclusões positivas.

As idéias mal-aplicadas dos homens têm assegurado a certificação daquilo que NÃO É VERDADE, o principal serviço direto que a ciência metafísica pode conceder à ciência moral. A ciência moral, por ela mesma, é a doutrina das ações voluntárias do homem, enquanto ser social e consciente. Estas ações dependem dos pensamentos em sua mente. Mas há uma massa da opinião popular das quais as pessoas mais esclarecidas praticamente estão livres, lançadas dentro da verdade ou falsidade daquilo que nos incumbe indagar, antes que possamos chegar a quaisquer conclusões firmes de como conduzir o que nós devemos perseguir no ajuste de nossas próprias mentes, ou em direção a nossos camaradas; ou antes que possamos certificar as leis elementares, de acordo com estes pensamentos, a partir daquelas ações que fluem e que são originalmente combinadas.

O objeto das formas, segundo qual a sociedade humana é administrada, é a felicidade dos indivíduos que compõem as comunidades com as quais eles consideram, e estas formas são perfeitas ou imperfeitas de acordo com a proporção do grau no qual eles promovem este fim.

Este objeto não se refere meramente sobre a quantidade de felicidade disfrutada pelos indivíduos enquanto seres sensíveis, mas o modo pelo qual ele deveria ser distribuído entre eles enquanto seres sociais. Não é suficiente, se tal coincidência possa ser concebida como possível, que uma pessoa ou classe de pessoas deveria desfrutar da mais alta felicidade, enquanto outro está

as regards that purpose, metaphysical science will be treated merely so far as a source of negative truth; whilst morality will be considered as a science, respecting which we can arrive at positive conclusions.

The misguided imaginations of men have rendered the ascertaining of what IS NOT TRUE, the principal direct service which metaphysical science can bestow upon moral science. Moral science itself is the doctrine of the voluntary actions of man, as a sentient and social being. These actions depend on the thoughts in his mind. But there is a mass of popular opinion, from which the most enlightened persons are seldom wholly free, into the truth or falsehood of which it is incumbent on us to inquire, before we can arrive at any firm conclusions as to the conduct which we ought to pursue in the regulation of our own minds, or towards our fellow beings; or before we can ascertain the elementary laws, according to which these thoughts, from which these actions flow, are originally combined.

The object of the forms according to which human society is administered, is the happiness of the individuals composing the communities which they regard, and these forms are perfect or imperfect in proportion to the degree in which they promote this end.

This object is not merely the quantity of happiness enjoyed by individuals as sensitive beings, but the mode in which it should be distributed among them as social beings. It is not enough, if such a coincidence can be conceived as possible, that one person or class of persons should enjoy the highest happiness, whilst another is suffering a disproportionate degree of misery. It is necessary that the happiness produced by the common efforts, and preserved by the common care, should be distributed according to the just claims of each individual; if not, although the quantity produced should be the same, the end of society would remain unfulfilled. The object is in a compound proportion to the quantity of happiness produced, and the correspondence of the mode in which it is distributed, to the elementary feelings of man as a social being.

The disposition in an individual to promote this object is called virtue; and the two constituent parts of virtue, benevolence and justice, are correlative with these two great portions of the only true object of all voluntary actions of a human being. Benevolence is the desire to be the author of good, and justice the apprehension of the manner in which good ought to be done.

Justice and benevolence result from the elementary laws of the human mind.

CHAPTER I
ON THE NATURE OF VIRTUE

SECT. 1. General View of the Nature and Objects of Virtue; 2. The Origin and Basis of Virtue, as founded on the Elementary Principles of Mind; 3. The Laws which flow from the nature of Mind regulating the application of those principles to human actions; 4. Virtue, a possible attribute of man.

We exist in the midst of a multitude of beings like ourselves, upon whose happiness most of our actions exert some obvious and decisive influence.

sofrendo um grau desproporcionado de sofrimento. É necessário que a felicidade produzida pelos esforços comuns e preservada pela preocupação comum seja distribuída de acordo com os justos clamores de cada indivíduo; se não for assim, apesar da quantidade produzida ser a mesma, o fim da sociedade não se atingirá. O objeto é uma proporção composta da quantidade de felicidade produzida e a correspondência do modo pela qual ela é distribuída aos sentimentos básicos do homem enquanto um ser social.

A disposição de um indivíduo em promover este objeto é chamada de virtude; e as duas partes constituintes da virtude – benevolência e justiça – são correlatas às duas partes grandes porções do único objeto verdadeiro de todas ações espontâneas de um ser humano. A benevolência é o desejo de ser o autor da bondade, e a justiça a compreensão das maneiras pelas quais a bondade pode ser realizada.

A justiça e a benevolência resultam das leis elementares da mente humana.

CAPÍTULO I
SOBRE A NATUREZA DA VIRTUDE

SEÇÃO 1. Visão geral da natureza e objetos da Virtude; 2. A origem e base da Virtude, enquanto fundadora dos princípios elementares da mente; 3. As Leis que fluem a partir da natureza da mente e que regulam a aplicação daqueles princípios às ações humanas; 4. Virtude, um atributo possível do homem.

Nós existimos no meio de uma multidão de seres exatamente como nós, onde a maioria de nossas ações exerce alguma influência óbvia e decisiva sobre a felicidade desses seres.

O ajuste dessa influência é o objeto da ciência moral. Sabemos que somos suscetíveis de receber impressões dolorosas ou prazeirosas de maior ou menor intensidade e duração. É aquilo que chamamos bondade que produz o prazer; é aquilo que chamamos maldade que produz a dor. Esses são nomes comuns, aplicados a toda classe de causa, a partir da qual pode resultar um desequilíbrio de dor ou prazer. Mas quando um ser himano é o instrumento ativo de geração ou difusão da felicidade, o princípio através do qual apresenta-se como instrumento mais eficaz para aquele propósito, é conhecido por virtude. E a benevolência, ou o desejo de ser o autor do bem, unido à justiça, ou uma compreensão da maneira pela qual o bem é realizado, constitui a virtude.

Mas por que o homem deveria ser benevolente e justo? As emoções diretas de sua natureza, especialmente nos seus estados mais simples, inspira-o a infligir dor e a apropriar-se do domínio. Ele deseja coletar coisas supérfluas às suas próprias provisões, ainda que outros morram de fome. Ele é propelido a se previnir contra a menor invasão à nossa própria liberdade, apesar da redução de outros à condição mais cruel de servidão. Ele é vingativo, arrogante e egocêntrico. Portanto, ele deveria conter essas propensões?

Indaga-se por qual razão um ser humano deveria se ocupar da busca da felicidade, ou da privasão de se produzir dor a outrem? Quando uma razão é exigida para se provar a necessidade de se adotar qualquer sistema de comportamento, qual é a exigência daquele que se contrapõe? Ele exige a prova daquele sistema de comportamento que promoverá de forma mais efetiva a felicidade da humanidade.

The regulation of this influence is the object of moral science. We know that we are susceptible of receiving painful or pleasurable impressions of greater or less intensity and duration. That is called good which produces pleasure; that is called evil which produces pain. These are general names, applicable to every class of causes, from which an overbalance of pain or pleasure may result. But when a human being is the active instrument of generating or diffusing happiness, the principle through which it is most effectually instrumental to that purpose, is called virtue. And benevolence, or the desire to be the author of good, united with justice, or an apprehension of the manner in which that good is to be done, constitutes virtue.

But wherefore should a man be benevolent and just? The immediate emotions of his nature, especially in its most inartificial state, prompt him to inflict pain, and to arrogate dominion. He desires to heap superfluities to his own store, although others perish with famine. He is propelled to guard against the smallest invasion of his own liberty, though he reduces others to a condition of the most pitiless servitude. He is revengeful, proud and selfish. Wherefore should he curb these propensities?

It is inquired, for what reason a human being should engage in procuring the happiness, or refrain from producing the pain of another? When a reason is required to prove the necessity of adopting any system of conduct, what is it that the objector demands? He requires proof of that system of conduct being such as will most effectually promote the happiness of mankind. To demonstrate this, is to render a moral reason. Such is the object of virtue.

A common sophism, which, like many others, depends on the abuse of a metaphorical expression to a literal purpose, has produced much of the confusion which has involved the theory of morals. It is said that no person is bound to be just or kind, if, on his neglect, he should fail to incur some penalty. Duty is obligation. There can be no obligation without an obliger. Virtue is a law, to which it is the will of the lawgiver that we should conform; which will we should in no manner be bound to obey, unless some dreadful punishment were attached to disobedience. This is the philosophy of slavery and superstition.

In fact, no person can be BOUND or OBLIGED, without some power preceding to bind and oblige. If I observe a man bound hand and foot, I know that some one bound him. But if I observe him returning self-satisfied from the performance of some action, by which he has been the willing author of extensive benefit, I do not infer that the anticipation of hellish agonies, or the hope of heavenly reward, has constrained him to such an act.

*** *** *** *** *** *** *** *** *** *** ***

It remains to be stated in what manner the sensations which constitute the basis of virtue originate in the human mind; what are the laws which it receives there; how far the principles of mind allow it to be an attribute of a human being; and, lastly, what is the probability of persuading mankind to adopt it as a universal and systematic motive of conduct.

Demonstrar isto é valer-se de uma razão moral. Eis o objeto da virtude.

Um sofisma comum que, como muitos outros, dependem do abuso de uma expressão metafórica com relação ao um propósito literal, produziu muito dos equívocos que envolvem a teoria da moralidade. Afirma-se que nenhuma pessoa é destinada a ser justa ou agradável, se, em seu desprezo, ele vier a incorrer em alguma punição. Dever é obrigação. Não pode haver comprometimento sem alguém que se comprometa. A virtude é uma lei a qual a vontade do legislador é a de que nos conformemos com ela; que deveríamos de nenhuma maneira sermos levados a obedecer, a menos que alguma terrível punição fosse associada à desobediência. Esta é a filosofia da escravidão e da superstição.

De fato, nenhuma pessoa pode ser OBRIGADA ou CONSTRANGIDA, sem alguma força precedente à obrigação e ao constrangimento. Se eu observo um homem com suas mãos e pés agrilhoados, sei que alguém o aprisionou. Mas se eu o observo retornando plenamente satisfeito da realização de alguma ação, da qual ele tenha sido o autor de bom grado de tal benefício abrangente, não chego a inferir que a antecipação de sofrimentos infernais ou a esperança de uma recompensa celestial o coagiu a realizar tal ato.

*** *** *** *** *** *** *** *** *** *** ***

Frequentemente se afirma que o modo pelo qual as sensações que constituem a base da virtude se originam na mente humana; que são as leis que se recebe de lá; que distantes dos princípios da mente a permite ser um atributo do ser humano; e, finalmente, que é a probabilidade de persuadir a humanidade a adotar a virtude como um motivo universal e sistemático de comportamento.

BENEVOLÊNCIA

Há uma classe de emoções que instintivamente evitamos. Um ser humano, tal como o homem é considerado desde sua origem, uma criança com apenas um mês de vida, possui uma consciência imperfeita da existência de outras naturezas associadas a si mesmo. Todas as energias de seu ser são direcionadas à extinção das dores com as quais ele é perpetuamente atacado. Por extensão se descobre que [essa consciência] é cercada por naturezas suscetíveis de sensações similares umas às outras. Já é muito tarde quando as crianças atingem esse conhecimento. Se uma criança observa, sem emoção, sua babá ou sua mãe sofrendo de uma dor aguda, atribui-se particularmente isso à ignorância que à insensibilidade. Assim que as inflexões de voz e os gestos associados à dor são ligados aos sentimentos que eles expressam, eles despertam na mente do contemplador um desejo que deveria cessar. Deste modo, a dor é compreendida como sendo o mal, por sua própria existência, sem qualquer outra referência necessária para a mente pela qual sua existência é percebida, sendo plenamente indispensável sua percepção. As tendências de nossas sensações legítimas, de fato, possuem como um todo objetivo a preservação de nossa individualidade. Mas essa é passiva e inconsciente. Proporcionalmente, assim que a mente adquire uma força ativa, a autoridade dessas tendências se torna limitada. Assim sendo, um jovem, um selvagem e uma fera solitária são egoístas, pois suas mentes são incapázeis de receber uma intimação apurada da natureza da dor como a que existe em seres semelhantes a eles. Os habitantes de uma comunidade altamente civilizada condoer-se-ão mais intensamente com os sofrimentos e alegrias dos outros que os habitantes de uma sociedade pertencente à uma civilização

BENEVOLENCE

There is a class of emotions which we instinctively avoid. A human being, such as is man considered in his origin, a child a month old, has a very imperfect consciousness of the existence of other natures resembling itself. All the energies of its being are directed to the extinction of the pains with which it is perpetually assailed. At length it discovers that it is surrounded by natures susceptible of sensations similar to its own. It is very late before children attain to this knowledge. If a child observes, without emotion, its nurse or its mother suffering acute pain, it is attributable rather to ignorance than insensibility. So soon as the accents and gestures, significant of pain, are referred to the feelings which they express, they awaken in the mind of the beholder a desire that they should cease. Pain is thus apprehended to be evil for its own sake, without any other necessary reference to the mind by which its existence is perceived, than such as is indispensable to its perception. The tendencies of our original sensations, indeed, all have for their object the preservation of our individual being. But these are passive and unconscious. In proportion as the mind acquires an active power, the empire of these tendencies becomes limited. Thus an infant, a savage, and a solitary beast, is selfish, because its mind is incapable of receiving an accurate intimation of the nature of pain as existing in beings resembling itself. The inhabitant of a highly civilized community will more acutely sympathize with the sufferings and enjoyments of others, than the inhabitant of a society of a less degree of civilization. He who shall have cultivated his intellectual powers by familiarity with the highest specimens of poetry and philosophy, will usually sympathize more than one engaged in the less refined functions of manual labour. Every one has experience of the fact, that to sympathize with the sufferings of another, is to enjoy a transitory oblivion of his own.

The mind thus acquires, by exercise, a habit, as it were, of perceiving and abhorring evil, however remote from the immediate sphere of sensations with which that individual mind is conversant. Imagination or mind employed in prophetically imaging forth its objects, is that faculty of human nature on which every gradation of its progress, nay, every, the minutest, change, depends. Pain or pleasure, if subtly analysed, will be found to consist entirely in prospect. The only distinction between the selfish man and the virtuous man is, that the imagination of the former is confined within a narrow limit, whilst that of the latter embraces a comprehensive circumference. In this sense, wisdom and virtue may be said to be inseparable, and criteria of each other. Selfishness is the offspring of ignorance and mistake; it is the portion of unreflecting infancy, and savage solitude, or of those whom toil or evil occupations have blunted or rendered torpid; disinterested benevolence is the product of a cultivated imagination, and has an intimate connexion with all the arts which add ornament, or dignity, or power, or stability to the social state of man. Virtue is thus entirely a refinement of civilized life; a creation of the human mind; or, rather, a combination which

inferior. Aquele que tem cultivado seus poderes intelectuais através da familiaridade com os mais altos representantes da poesia e da filosofia condoer-se-á mais que aquele que está comprometido com as funções menos refinadas do trabalho manual. Cada um que possui experiência e contato com os sofrimentos dos outros é levado a desfrutar de um esquecimento transitório de si próprio.

Assim, a mente adquire, por treinamento, um hábito de percepção e adominação do mal, entretanto, distante da esfera imediata de sensações com a qual a mente individual é versada. A imaginação ou a mente empregada na representação profética em direção ao seu objetivo é o que faculta a natureza humana na classificação de cada um em seu progresso, além de cada mudança diminuta que dela depende. A dor ou o prazer, se sutilmente analisados, serão encontrados de forma consistente e inteiramente à vista disso. A única distinção entre o homem egoísta e o homem virtuoso é que a imaginação do primeiro é confinada dentro de um limite estreito, enquanto que o último embarca uma circunferência compreensiva. Neste sentido, a sabedoria e a virtude pode ser consideradas inseparadas e padrões para uma ou outra. O egoísmo é a descendência da ignorância e do erro; é a porção da infância impensada, e do selvagem solitário, ou daqueles que laboram, ou das ocupações do mal que a embotam ou produzem a letargia; a benevolência desinteressada é o produto de uma imaginação cultivada e tem uma conexão íntima com todas as artes que adicionam ornamento, ou dignidade, ou força, ou estabilidade ao estado social do homem. Assim, a virtude é. De uma forma geral, um refinamento da vida civilizada; uma criação da mente humana; ou, melhor, uma combinação daquilo que foi feito de acordo com as regras elementares contidas dentro dela mesma, dos sentimentos sugeridos pelas relações estabelecidas entre cada um dos homens.

Todas as teorias que possuem certa humanidade refinada e elevada, ou aquelas que têm sido desenvolvidas como mitigações de seus erros e maldades, têm se baseado nas emoções elementares da indiferença, que encaramos como constituinte da majestade de nossa natureza. O patriotismo, como o existente nas antigas repúblicas, nunca foi, como se supôs, uma avaliação de vantagens pessoais. Quando Múcio Sévola[13] colocou sua mão sobre carvão em brasa, e Régulo[14] retornou à Cartago, e Epicharis[15] permaneceu em silêncio, diante das tormentas que ela deslumbrou e que a faria perecer rapidamente, preferindo a morte à traição dos conspiradores do tirano[16]; estas ilustres pessoas certamente colocaram de lado seus próprios interesses pessoais. Costuma-se dizer que eles aspiravam a uma fama póstuma; não faltam ocorrências na história que comprovam que os homens têm até desafiado a infâmia pelo interesse do bem. Mas há um grande erro no mundo que respeito ai egoísmo produzido pela fama. Certamente é possível que uma pessoa venha procurar distinção como um meio de gratificação pessoal. Mas o amor pela fama nada mais é que o desejo de ver os sentimentos dos outros de serem

it has made, according to elementary rules contained within itself, of the feelings suggested by the relations established between man and man.

All the theories which have refined and exalted humanity, or those which have been devised as alleviations of its mistakes and evils, have been based upon the elementary emotions of disinterestedness, which we feel to constitute the majesty of our nature. Patriotism, as it existed in the ancient republics, was never, as has been supposed, a calculation of personal advantages. When Mutius Scaevola thrust his hand into the burning coals, and Regulus returned to Carthage, and Epicharis sustained the rack silently, in the torments of which she knew that she would speedily perish, rather than betray the conspirators to the tyrant[3]; these illustrious persons certainly made a small estimate of their private interest. If it be said that they sought posthumous fame; instances are not wanting in history which prove that men have even defied infamy for the sake of good. But there is a great error in the world with respect to the selfishness of fame. It is certainly possible that a person should seek distinction as a medium of personal gratification. But the love of fame is frequently no more

---

[13] Múcio Sévola foi um jovem romano, determinado a salvar sua cidade do ataque de Porsena, rei dos etruscos, durante o século III a.C. Múcio disfarçado como soldado toscano ingressou na tenda do rei, mas acabou aprisionado. Levado diante do rei, este para demonstrar sua coragem colocou sua mão sobre carvão em brasas e informou ao rei que ele era apenas um de trezentos que estariam conspirando contra a vida do rei, dispostos a destruí-lo ou morrerem nessa tentativa. Porsena alarmado por esta confissão procurou fazer paz com os romanos e levantou o cerco à Roma. (N.T.)

[14] Marcus Atilius Regulus (falecido em 250 a.C.): cônsul e general romano durante a primeira Guerra Púnica. Capturou Brindisi e infligiu grande derrota aos cartaginenses, oferecendo a paz à Cartago. Entretanto, as condições para a rendição foram tão duras que os cartaginenses decidiram continuar lutando. (N.T.)

[15] Epicharis: escrava liberta, membro da conspiração que pretendeu derrubar Nero, liderada por Caio Calpúrnio Piso. Em sua tentativa de ajudar o movimento tentou convencer Volúsio Próculo a assassinar o imperador, entretanto este a denunciou, sendo presa e torturada até a morte. (N.T.)

[16] Tácito. (N.T.)

than a desire that the feelings of others should confirm, illustrate, and sympathize with, our own. In this respect it is allied with all that draws us out of ourselves. It is the 'last infirmity of noble minds'. Chivalry was likewise founded on the theory of self-sacrifice. Love possesses so extraordinary a power over the human heart, only because disinterestedness is united with the natural propensities. These propensities themselves are comparatively impotent in cases where the imagination of pleasure to be given, as well as to be received, does not enter into the account. Let it not be objected that patriotism, and chivalry, and sentimental love, have been the fountains of enormous mischief. They are cited only to establish the proposition that, according to the elementary principles of mind, man is capable of desiring and pursuing good for its own sake.

JUSTICE

The benevolent propensities are thus inherent in the human mind. We are impelled to seek the happiness of others. We experience a satisfaction in being the authors of that happiness. Everything that lives is open to impressions or pleasure and pain. We are led by our benevolent propensities to regard every human being indifferently with whom we come in contact. They have preference only with respect to those who offer themselves most obviously to our notice. Human beings are indiscriminating and blind; they will avoid inflicting pain, though

confirmados, glorificados e simpatizados com os nossos próprios. A respeito disto, ele é associado a tudo o que demonstramos de nós mesmos. É a 'úlitma enfermidade das nobres mentes'[17]. O espírito e as maneiras de um cavaleiro foram fundados na teoria do auto-sacrifício, da mesma forma. Assim, o amor exerce uma força extraordinária sobre o coração humano, apenas porque a indiferença é unida às propensões naturais. Estas propensões por si mesmas são comparativamente impotentes nos casos onde a imaginação produzida pelo prazer fornece, assim como recebe, aquilo que não entra na prestação de contas final. Não permitais que o Amor seja impedimento uma vez que o patriotismo, a cavalaria e o amor sentimental têm sido as fontes de enormes prejuízos have been the fountains of enormous mischief. Elas são citadas somente para estabelecer a proposição daquilo que o homem é capaz de desejar e perseguir como o bem de sua própria natureza, de acordo com os princípios elementares da mente.

JUSTIÇA

As propensões benevolentes são, portanto, inerentes à mente humana. Somos impelidos a buscar a felicidade dos outros. Vivenciamos uma satisfação em sermos os autores dessa felicidade. Tudo o que existe está exposto às impressões, ou ao prazer e à dor. Somos conduzidos por nossas propensões benevolentes a olhar todo ser humano de maneira indiferente com os quais entramos em contato. Eles têm prioridade somente com relação àqueles que chamam a nossa atenção mais evidentemente a si mesmos. Os seres humanos são indiscriminados e cegos. Eles evitarão

---

[17] John Milton: "Fame is the spur that the clear spirit doth raise/ (That last infirmity of noble minds) / To scorn delights and live laborious days." (N.T.)

provocar dor, embora tal dor deva ser encarada como eventual benefício; eles procurarão proporcionar prazer sem ponderar o dano que pode acarretar. Eles favorecem um à custa de muitos.

Há um sentimento na mente humana que rege a benevolência na sua aplicação como um princípio de ação. Este é o sentido de justiça. A justiça, assim como a benevolência, é uma lei elementar da natureza humana. É por meio desse princípio que os homens são estimulados a distribuir quaisquer meios de prazer, que a benevolência possa sugerir sua comunicação aos outros, em partes iguais entre um mesmo número de requerentes. Se dez homens naufragarem em uma ilha deserta, eles distribuirão a subsistência (seja o que for) que possa lhes restar, em partes iguais entre si. Caso seis deles conspirem para desprover os quatro remanescentes da partilha, sua conduta será considerada injusta.

A existência da dor tem se mostrado uma circunstância que a mente humana encara com insatisfação e da qual deseja o fim. É igualmente de sua natureza desejar que as vantagens a serem usufruídas por um número limitado de pessoas devam ser desfrutadas da mesma forma por todos. Essa proposição é apoiada pela evidência de fatos indiscutíveis. Conte uma história não deturpada de certas pessoas sendo feitas vítimas dos gozos de alguém e aquele que apelar a favor de qualquer sistema que possa gerar tamanha perversidade às emoções primordiais da nossa natureza não teria nada para contestar. Permita que duas pessoas, igualmente estranhas, façam um pedido de que algum privilégio, possuído por um terceiro, seja concedido e que ele considera que tenham

that pain should be attended with eventual benefit; they will seek to confer pleasure without calculating the mischief that may result. They benefit one at the expense of many.

There is a sentiment in the human mind that regulates benevolence in its application as a principle of action. This is the sense of justice. Justice, as well as benevolence, is an elementary law of human nature. It is through this principle that men are impelled to distribute any means of pleasure which benevolence may suggest the communication of to others, in equal portions among an equal number of applicants. If ten men are shipwrecked on a desert island, they distribute whatever subsistence may remain to them, into equal portions among themselves. If six of them conspire to deprive the remaining four of their share, their conduct is termed unjust.

The existence of pain has been shown to be a circumstance which the human mind regards with dissatisfaction, and of which it desires the cessation. It is equally according to its nature to desire that the advantages to be enjoyed by a limited number of persons should be enjoyed equally by all. This proposition is supported by the evidence of indisputable facts. Tell some ungarbled tale of a number of persons being made the victims of the enjoyments of one, and he who would appeal in favour of any system which might produce such an evil to the primary emotions of our nature, would have nothing to reply. Let two persons, equally strangers, make application for some benefit in the possession of a third to bestow, and to which he feels that they have an equal claim. They are both sensitive beings; pleasure and pain affect them alike.

CHAPTER II

It is foreign to the general scope of this little treatise to encumber a simple argument by controverting any of the trite objections of habit or fanaticism. But there are two; the first, the basis of all political mistake, and the second, the prolific cause and effect of religious error, which it seems useful to refute.

First, it is inquired, 'Wherefore should a man be benevolent and just?' The answer has been given in the preceding chapter.

If a man persists to inquire why he ought to promote the happiness of mankind, he demands a mathematical or metaphysical reason for a moral action. The absurdity of this scepticism is more apparent, but not less real than the exacting a moral reason for a mathematical or metaphysical fact. If any person should refuse to admit that all the radii of a circle are of equal length, or that human actions are necessarily determined by motives, until it could be proved that these radii and these actions uniformly tended to the production of the greatest general good, who would not wonder at the unreasonable and capricious association of his ideas?

The writer of a philosophical treatise may, I imagine, at this advanced era of human intellect, be held excused from entering into a controversy with those reasoners, if such there are, who would claim an exemption from its decrees in favour of any one among those diversified systems of obscure opinion respecting

alegação parelha. Ambos são seres sensíveis; o prazer e a dor os afetam da mesma maneira.

CAPÍTULO II

Não cabe ao escopo geral deste pequeno tratado sobrecarregar um simples argumento ao contestar quaisquer objeções banais de costume ou fanatismo. Mas há duas: a primeira, a base de todo erro político e a segunda, os prolíficos causa e efeito do erro religioso, que parece útil refutar.

Primeiro, se pergunta: 'Por que um homem deve ser benevolente e justo?' A resposta foi dada no capítulo anterior.

Se um homem persistir em indagar por que deve promover a felicidade da humanidade, ele exigirá um raciocínio matemático ou metafísico para uma ação moral. O absurdo de tal ceticismo é mais aparente, mas não menos real, do que a cobrança de uma razão moral para um fato matemático ou metafísico. Caso alguém se recuse a admitir que todos os raios de um círculo são de comprimento igual ou que as ações humanas são necessariamente determinadas por motivações, até que possa ser provado que esses raios e essas ações tendem, de modo uniforme, à produção do maior bem geral, quem não se surpreenderia com a associação irracional e imprevisível de suas idéias?

O autor de um tratado filosófico pode, creio, nesta era avançada do pensamento humano, estar livre de adentrar em uma controvérsia com esses pensadores, se forem, que alegariam uma dispensa dos seus decretos em favor de qualquer um dentre esses sistemas diversificados de obscura opinião sobre os princípios morais que, sob o nome de religiões, prevaleceram entre a humanidade, em muitas épocas e países. Além disso, se, como esses pensadores simularam, a tortura ou felicidade eterna resultasse na conseqüência de determinadas ações, não deveríamos estar mais próximos do controle de um padrão para estabelecer quais ações eram certas e erradas, mesmo se essa revelação fingida que, de forma alguma, é o caso, tivesse nos fornecido um espectro completo delas. A natureza das ações como virtuosas ou odiosas não seria, de modo algum, determinada apenas pela vantagem ou desvantagem pessoal de cada agente moral, considerado individualmente. De fato, com freqüência uma ação é virtuosa em proporção à grandeza da calamidade pessoal com que o autor, de bom grado, arrasta sobre si próprio ao ousar desempenhá-la. Isso ocorre porque uma ação produz uma preponderância de prazer ou dor à maioria dos seres conscientes e não simplesmente porque suas conseqüências são benéficas ou prejudiciais ao autor daquela ação, que ela é boa ou má. Pelo contrário, esta última consideração tem uma tendência de corromper a pureza da virtude, visto que ela consiste na motivação em vez das conseqüências de uma ação. Uma pessoa que deve se empenhar pela felicidade da humanidade, a menos que tema ser atormentada eternamente no inferno, possuiria, com respeito àquela motivação, pouco a clamar como sinônimo de virtude como aquele que tortura, aprisiona e as queima vivas, uma conseqüência mais habitual e natural de tais princípios, pelo bem dos prazeres do Céu.

Meu vizinho, presumindo sua força, pode me direcionar a desempenhar ou evitar uma ação

to refrain from a particular action; indicating a certain arbitrary penalty in the event of disobedience within power to inflict. My action, if modified by his menaces, can no degree participate in virtue. He has afforded me no criterion as to what is right or wrong. A king, or an assembly of men, may publish a proclamation affixing any penalty to any particular action, but that is not immoral because such penalty is affixed. Nothing is more evident than that the epithet of virtue is inapplicable to the refraining from that action on account of the evil arbitrarily attached to it. If the action is in itself beneficial, virtue would rather consist in not refraining from it, but in firmly defying the personal consequences attached to its performance.

Some usurper of supernatural energy might subdue the whole globe to his power; he might possess new and unheard-of resources for enduing his punishments with the most terrible attributes or pain. The torments of his victims might be intense in their degree, and protracted to an infinite duration. Still the 'will of the lawgiver' would afford no surer criterion as to what actions were right or wrong. It would only increase the possible virtue of those who refuse to become the instruments of his tyranny.

II – MORAL SCIENCE CONSISTS IN CONSIDERING THE DIFFERENCE, NOT THE RESEMBLANCE, OF PERSONS

The internal influence, derived from the constitution of the mind from which they flow, produces that peculiar

das ações que as torna intrinsecamente boas ou más.

Para apreender a importância dessa distinção, visitemos, em imaginação, os acontecimentos em alguma metrópole. Considere a multidão de seres humanos que a habita e esquadrinhe, em pensamento, as ações das diversas classes nos quais eles estão divididos. Suas ações óbvias são aparentemente uniformes: a estabilidade da sociedade humana parece ser suficientemente mantida pela uniformidade da conduta dos seus membros, tanto com relação a si mesmos quanto aos outros. O operário acorda em um determinado horário e dedica-se à tarefa atribuída a ele. Os funcionários do governo e da justiça são, regularmente, empregados nas repartições e nos tribunais. O comerciante possui um estilo de conduta do qual nunca se desvia. Os sacerdotes religiosos fazem uso de uma linguagem familiar e mantêm um olhar decoroso e sereno. O exército é acionado, os movimentos de cada soldado são conforme o esperado; o general comanda e suas palavras reverberam tropa a tropa. As ações locais dos homens são, em sua maioria, indistinguíveis entre si em um relance superficial. As ações que estão categorizadas sob a classificação geral do casamento, educação, amizade, etc, ocorrem incessantemente e, em um relance superficial, são semelhantes entre si.

Mas, se enxergássemos a verdade das coisas, estas deveriam ser despidas dessa aparência falaciosa de uniformidade. Com efeito, nenhuma ação tem, quando considerada em toda sua extensão, nenhuma semelhança fundamental com qualquer outra. Cada indivíduo, que compõe a ampla profusão que contemplamos, possui um determinado estado de espírito que, apesar dos traços da grande concentração

modification of actions, which makes them intrinsically good or evil.

To attain an apprehension of the importance of this distinction, let us visit, in imagination, the proceedings of some metropolis. Consider the multitude of human beings who inhabit it, and survey, in thought, the actions of the several classes into which they are divided. Their obvious actions are apparently uniform: the stability of human society seems to be maintained sufficiently by the uniformity of the conduct of its members, both with regard to themselves, and with regard to others. The labourer arises at a certain hour, and applies himself to the task enjoined him. The functionaries of government and law are regularly employed in their offices and courts. The trader holds a train of conduct from which he never deviates. The ministers of religion employ an accustomed language, and maintain a decent and equable regard. The army is drawn forth, the motions of every soldier are such as they were expected to be; the general commands, and his words are echoed from troop to troop. The domestic actions of men are, for the most part, undistinguishable one from the other, at a superficial glance. The actions which are classed under the general appellation of marriage, education, friendship, &c., are perpetually going on, and to a superficial glance, are similar one to the other.

But, if we would see the truth of things, they must be stripped of this fallacious appearance of uniformity. In truth, no one action has, when considered in its whole extent, any essential resemblance with any other. Each individual, who composes the vast multitude which we have been contemplating, has a peculiar frame of mind, which, whilst the features of the great mass of his actions remain uniform, impresses the minuter lineaments with its peculiar hues. Thus, whilst his life, as a whole, is like the lives of other men, in detail, it is most unlike; and the more subdivided the actions become; that is, the more they enter into that class which have a vital influence on the happiness of others and his own, so much the more are they distinct from those of other men.

Those little, nameless,
[unremembered acts
Of kindness and of love,

as well as those deadly outrages which are inflicted by a look, a word— or less—the very refraining from some faint and most evanescent expression of countenance; these flow from a profounder source than the series of our habitual conduct, which, it has been already said, derives its origin from without. These are the actions, and such as these, which make human life what it is, and are the fountains of all the good and evil with which its entire surface is so widely and impartially overspread; and though they are called minute, they are called so in compliance with the blindness of those who cannot estimate their importance. It is in the due appreciating the general effects of their peculiarities, and in cultivating the habit of acquiring decisive knowledge respecting the tendencies arising out of them in particular cases, that the most important part of moral science consists. The deepest abyss of

[18] William Wordsworth (1770-1850)

das suas ações permanecerem uniformes, impressiona as características mais ínfimas com seus matizes específicos. Dessa forma, enquanto sua vida, como um todo, pareça-se com as vidas dos outros homens, detalhadamente, é bastante distinta; e mais subdivididas as ações passam a ser; ou seja, quanto mais elas entram nessa categoria que exerce uma influência essencial na felicidade dos outros e na sua própria, mais elas se diferenciam das ações dos outros homens.

Estes atos diminutos,
[desconhecidos, esquecidos
De bondade e de amor[18],

assim como aqueles insultos mortíferos que são infligidos por um olhar, uma palavra – ou menos – a própria repressão de alguma expressão de semblante débil ou bastante passageira; elas fluem de uma nascente mais profunda do que o conjunto de nossa conduta habitual que, já foi dito, é extraído de sua origem externa. Essas são as ações e, como tais, fazem da vida humana o que ela é, e são as fontes de todo o bem e mal com os quais toda a sua superfície está coberta de maneira tão extensa e imparcial; e, embora sejam consideradas insignificantes, o são de acordo com a cegueira daqueles que não conseguem avaliar sua importância. É na devida apreciação dos efeitos gerais das suas peculiaridades e no cultivo do hábito de adquirir um conhecimento decisivo com respeito às tendências que surgem a partir delas em determinadas situações, que consiste a parte mais importante da ciência moral. É necessário que visitemos o abismo mais profundo destas cavernas amplas e gigantescas.

Essa é a diferença entre o homem social e o individual. Não que essa distinção deva ser considerada definida ou característica de um ser humano quando comparado com outro; ao contrário, ela denota duas categorias de função, comuns em certo grau a cada ser humano. Ninguém está livre, com efeito, deste espécime de influência que afeta, modo de dizer, a superfície do seu ser e proporciona o esboço específico da sua conduta. Quase tudo que é ostensivo submete-se a essa legislação criada pela representação geral dos sentimentos passados da humanidade – imperfeita como ela é a partir de uma série de causas, já que está presente no governo, na religião e nos hábitos domésticos. Aqueles que não se submetem de modo nominal, embora realmente, ao mesmo poder. De fato, os traços externos da sua conduta não podem mais escapar, como as nuvens podem escapar da corrente de vento; e sua opinião, a qual, com freqüência, ele espera ter protegido imparcialmente de toda difusão de preconceito e vulgaridade, seria comprovada, após investigação, como a excrescência inevitável dos próprios usos a partir dos quais ele discorda com veemência. Internamente, tudo é realizado de modo contrário; a eficiência, a essência, a vitalidade das ações não extraem sua aparência, de nenhuma maneira, do que recebem de fontes externas. Da mesma maneira como a planta que, ao produzir o incidente do seu tamanho e forma do solo no qual floresce e é apodrecida, distorcida ou inchada, mantém, contudo, essas qualidades que essencialmente separam-na de todas as outras; portanto a cicuta continua a ser venenosa e a violeta não pára de emitir seu aroma em qualquer solo onde cresça.

these vast and multitudinous caverns, it is necessary that we should visit.

This is the difference between social and individual man. Not that this distinction is to be considered definite, or characteristic of one human being as compared with another; it denotes rather two classes of agency, common in a degree to every human being. None is exempt, indeed, from that species of influence which affects, as it were, the surface of his being, and gives the specific outline to his conduct. Almost all that is ostensible submits to that legislature created by the general representation of the past feelings of mankind—imperfect as it is from a variety of causes, as it exists in the government, the religion, and domestic habits. Those who do not nominally, yet actually, submit to the same power. The external features of their conduct, indeed, can no more escape it, than the clouds can escape from the stream of the wind; and his opinion, which he often hopes he has dispassionately secured from all contagion of prejudice and vulgarity, would be found, on examination, to be the inevitable excrescence of the very usages from which he vehemently dissents. Internally all is conducted otherwise; the efficiency, the essence, the vitality of actions, derives its colour from what is no ways contributed to from any external source. Like the plant which while it derives the accident of its size and shape from the soil in which it springs, and is cankered, or distorted, or inflated, yet retains those qualities which essentially divide it from all others; so that hemlock continues to be poison, and the violet does not cease to emit its odour in whatever soil it may grow.

We consider our own nature too superficially. We look on all that in ourselves with which we can discover a resemblance in others; and consider those resemblances as the materials of moral knowledge. It is in the differences that it actually consists.

Consideramos nossa própria natureza muito superficialmente. Observamos tudo que, em nós mesmos, leva-nos a descobrir uma semelhança nos outros; e julgamos essas semelhanças como os materiais do conhecimento moral. É nas diferenças que ela realmente consiste.

1815; publicado em 1840.

Sobre a Literatura, as Artes e os Hábitos dos Atenienses

ON THE LITERATURE, THE ARTS AND THE MANNERS OF THE ATHENIANS

UM FRAGMENTO

O período entre o nascimento de Péricles e a morte de Aristóteles é, sem dúvida, seja considerado em si mesmo ou com relação aos efeitos que acarretou sobre os destinos subseqüentes do homem civilizado, o mais memorável na história do mundo. Qual foi a combinação de circunstâncias morais e políticas que gerou um progresso tão incomparável durante essa época na literatura e as artes – por que esse progresso, tão rápido e tão prolongado, logo foi interrompido e retrocedeu – são problemas que foram deixados para a reflexão e a suposição da posteridade. Os restos e fragmentos dessas mentes sutis e profundas, como as ruínas de uma bela estátua, sugerem-nos, de maneira obscura, a grandeza e a perfeição do todo. Seu próprio idioma – um tipo das compreensões das quais era a criação e a imagem – em variedade, simplicidade, flexibilidade e abundância, sobrepuja todos os outros

A FRAGMENT

The period which intervened between the birth of Pericles and the death of Aristotle, is undoubtedly, whether considered in itself, or with reference to the effects which it has produced upon the subsequent destinies of civilized man, the most memorable in the history of the world. What was the combination of moral and political circumstances which produced so unparalleled a progress during that period in literature and the arts; why that progress, so rapid and so sustained, so soon received a check, and became retrograde – are problems left to the wonder and conjecture of posterity. The wrecks and fragments of those subtle and profound minds, like the ruins of a fine statue, obscurely suggest to us the grandeur and perfection of the whole. Their very language – a type of the understandings of which it was the creation and the image – in variety, in simplicity, in flexibility, and in copiousness, excels every other language of the western world. Their sculptures are such as we, in our presumption, assume to be the models of ideal truth and beauty, and to which no artist of modern times can produce forms in any degree comparable. Their paintings, according to Pliny and Pausanias, were full of delicacy and harmony; and some even were powerfully pathetic, so as to awaken, like tender music or tragic poetry, the most overwhelming emotions. We are accustomed to conceive the painters of the sixteenth century, as those who have brought their art to the highest perfection, probably because none of the ancient paintings have been preserved. For all the inventive arts maintain, as it were, a sympathetic connexion between each other, being no more than various expressions of one internal power, modified by different circumstances, either of an individual, or of society; and the paintings of that period would probably bear the same relation as is confessedly borne by the sculptures to all succeeding ones. Of their music we know little; but the effects which it is said to have produced, whether they be attributed to the skill of the composer, or the sensibility of his audience, are far more powerful than any which we experience from the music of our own times; and if, indeed, the melody of their compositions were more tender and delicate, and inspiring, than the melodies of some modern European nations, their superiority in this art must have been something wonderful, and wholly beyond conception.

Their poetry seems to maintain a very high, though not so disproportionate a rank, in the

idiomas do mundo ocidental. Suas esculturas eram tais que nós, em nossa presunção, consideramos como os modelos da verdade e beleza ideais e com respeito às quais nenhum artista dos tempos modernos pode produzir formas comparáveis em algum grau. Suas pinturas, segundo Plínio e Pausanias, eram carregadas de delicadeza e harmonia; e algumas eram, inclusive, demasiadamente patéticas, para despertar, como a música suave ou a poesia trágica, as emoções mais arrebatadoras. Habituamos-nos a conceber os pintores do século XVI como aqueles que conduziram a arte para a mais alta perfeição, provavelmente porque nenhuma das pinturas antigas foi preservada. Pois todas as artes originais mantêm, aparentemente, um vínculo solidário entre si, sendo não mais do que diversas expressões de um poder interno, modificadas por diferentes circunstâncias, sejam de um indivíduo ou da sociedade; e é possível que as pinturas daquele período carreguem a mesma relação, como é comprovadamente carregado pelas esculturas às seguintes. Sabemos pouco de sua música; mas afirma-se que os efeitos que produziram, sejam atribuídos à habilidade do compositor ou à sensibilidade dos seus ouvintes, são muito mais poderosos do que qualquer um que vivenciamos com a música da nossa própria época; e se, de fato, a melodia das suas composições era mais suave e delicada, e inspiradora do que as de alguns países europeus modernos, sua superioridade nessa arte deve ter sido algo maravilhoso e inteiramente além da concepção.

Sua poesia parece manter uma classificação muito elevada, embora não tão desproporcional, na comparação.

Talvez Shakespeare, a partir da variedade e da compreensão da sua genialidade, deva ser considerado, no todo, como a mente individual mais notável, da qual temos exemplares remanescentes. Talvez Dante tenha criado idéias de maior encanto e energia do qualquer um que deva ser encontrado na literatura antiga da Grécia. Talvez nada tenha sido descoberto nos fragmentos dos poetas líricos gregos que seja equivalente à sensibilidade sublime e cavalheiresca de Petrarca. Mas, como um poeta, Homero deve ser reconhecido por exceder Shakespeare na verdade, na harmonia, no esplendor prolongado, na integridade gratificante das suas imagens, na adequação exata à ilustração e em seu contexto. Nem Dante poderia, falho na conduta, planejamento, natureza, variedade e temperança, ter sido comparado a esses homens, mas para aquelas ilhotas afortunadas cheias de frutos dourados, que por si só poderiam tentar qualquer um a embarcar no oceano nebuloso da sua ficção misteriosa e extravagante.

Mas, omitindo a comparação das mentes individuais, que não podem proporcionar nenhuma inferência geral, quão superior era o espírito e o método da sua poesia comparado a de qualquer outro período! Tivesse qualquer outro gênio igualdade em outros aspectos ao maior que já iluminou o mundo, surgido naquela época, ele teria sido superior a todos, apenas por essa circunstância – seus conceitos teriam assumido uma forma mais harmoniosa e perfeita. Por isso é digno de observação, seja o que for que o poeta que essa época produziu é tão harmonioso e perfeito quanto possível. Por exemplo, em um drama, fosse a composição de uma pessoa de talento inferior, ainda era homogênea e

free from inequalities it was a whole, consistent with itself. The compositions of great minds bore throughout the sustained stamp of their greatness. In the poetry of succeeding ages the expectations are often exalted on Icarian wings, and fall, too much disappointed to give a memory and a name to the oblivious pool in which they fell. In physical knowledge Aristotle and Theophrastus had already – no doubt assisted by the labours of those of their predecessor whom they criticize—made advances worthy of the maturity of science. The astonishing invention of geometry, that series of discoveries which have enabled man to command the element and foresee future events, before the subjects of his ignorant wonder, and which have opened as it were the doors of the mysteries of nature, had already been brought to great perfection. Metaphysics, the science of man's intimate nature, and logic, or the grammar and elementary principles of that science received from the latter philosophers of the Periclean age a firm basis. All our more exact philosophy is built upon the labours of these great men, and many of the words which we employ in metaphysical distinctions were invented by them to give accuracy and system to their reasonings. The science of morals, or the voluntary conduct of men in relation to themselves or others, dates from this epoch. How inexpressibly bolder and more pure were the doctrines of those great men, in comparison with the timid maxims which prevail in the writings of the most esteemed modern moralists! They were such as Phocion, and Epaminondas, and Timoleon, who

livre de desigualdades como um todo, consistente consigo mesma. As composições de mentes brilhantes carregam por completo a marca sustentada da sua grandeza. Na poesia das épocas seguintes, normalmente as expectativas são exaltadas nas asas de Ícaro e decaem, frustradas o bastante para prover lembrança e um nome ao conjunto inconsciente no qual se depositaram.

No conhecimento físico, Aristóteles e Teofrasto já haviam – auxiliados, sem dúvida, pelo trabalho dos seus predecessores aos quais criticam – feito avanços dignos da maturidade da ciência. A surpreendente invenção da geometria, aquela série de descobertas que permitiu ao homem comandar a natureza e prever eventos futuros, antes os sujeitos do seu ignorante assombro, e que abriu, como se diz, as portas dos mistérios da natureza, já havia sido levada à máxima perfeição. A metafísica, a ciência da natureza íntima do homem, e a lógica, ou a gramática e os princípios elementares dessa ciência receberam dos últimos filósofos da era Pericleana uma base sólida. Toda a nossa filosofia mais exata está embasada nos trabalhos desses grandes homens e muitas das palavras que empregamos em distinções metafísicas foram inventadas por eles para atribuir precisão e método aos seus pensamentos. A ciência da moral, ou a conduta voluntária dos homens com relação a si mesmos ou aos outros, data dessa época. Quão mais ousadas e mais puras, de forma inexpressável, eram as doutrinas desses grandes homens em comparação às máximas tímidas que prevalecem nos escritos dos moralistas modernos mais respeitados! Eles eram Phocion, Epaminondas e Timoleão, que se formaram a partir da sua influência,

fossem os heróis desprezíveis da nossa própria era.

Suas instituições políticas e religiosas são mais difíceis de se levar à comparação com aquelas de outros tempos. Uma idéia rápida pode ser formada a partir do valor de qualquer sistema político e religioso, ao se observar o grau comparativo de felicidade e de produção intelectual sob sua influência. E, apesar das muitas instituições e opiniões, que na velha Grécia eram obstáculos ao desenvolvimento da raça humana, foram abolidos pelas nações modernas, quantas perniciosas superstições, novos artifícios de desmandos e inauditas complicações de danos públicos, não foram criados entre eles pelo sempre vigilante espírito de avareza e opressão!

As modernas nações do mundo civilizado devem o progresso que fizeram – tanto nas ciências físicas, nas quais já superaram seus mestres, quanto nas investigações morais e intelectuais, nas quais, com toda a experiência dos últimos, dificilmente pode ser dito que aqueles ainda têm de igualá-los – ao que é chamado de renascimento do aprendizado; ou seja, o estudo dos escritores da época que precedeu e imediatamente seguiu-se ao governo de Péricles, ou dos escritores subseqüentes, que eram, por assim dizer, os rios que fluíam das imortais nascentes. E, embora pareça ser um princípio no mundo moderno, o qual, se as circunstâncias análogas àquelas que modelaram os recursos intelectuais da época a qual nos referimos, em proporções tão harmoniosas, novamente erguerem-se, os prenderiam e os perpetuariam, e consignariam seus resultados a um aprimoramento mais igual, abrangente e duradouro das

formed themselves on their influence, were to the wretched heroes of our own age.

Their political and religious institutions are more difficult to bring into comparison with those of other times. A summary idea may be formed of the worth of any political and religious system, by observing the comparative degree of happiness and of intellect produced under its influence. And whilst many institution and opinions, which in ancient Greece were obstacles to the improvement of the human race, have been abolished among modern nations, how many pernicious superstitions and new contrivances of misrule, and unheard-of complications of public mischief, have not been invented among them by the ever-watchful spirit of avarice and tyranny!

The modern nations of the civilized world owe the progress which they have made—as well in those physical sciences in which they have already excelled their masters, as in the moral and intellectual inquiries, in which, with all the advantage of the experience of the latter, it can scarcely be said that they have yet equalled them,—to what is called the revival of learning; that is, the study of the writers of the age which preceded and immediately followed the government of Pericles, or of subsequent writers, who were, so to speak, the rivers flowing from those immortal fountains. And though there seems to be a principle in the modern world, which, should circumstances analogous to those which modelled the intellectual resources of the age to which we refer, into so harmonious a proportion, again arise, would arrest and perpetuate them, and consign their results to a more equal,

extensive, and lasting improvement of the condition of man—though justice and the true meaning of human society are, if not more accurately, more generally understood; though perhaps men know more, and therefore are more, as a mass, yet this principle has never been called into action, and requires indeed a universal and an almost appalling change in the system of existing things. The study of modern history is the study of kings, financiers, statesmen, and priests. The history of ancient Greece is the study of legislators, philosophers, and poets; it is the history of men, compared with the history of titles. What the Greeks were, was a reality, not a promise. And what we are and hope to be, is derived, as it were, from the influence and inspiration of these glorious generations.

Whatever tends to afford a further illustration of the manners and opinions of those to whom we owe so much, and who were perhaps, on the whole, the most perfect specimens of humanity of whom we have authentic record, were infinitely valuable. Let us see their errors, their weaknesses, their daily actions, their familiar conversation, and catch the tone of their society. When we discover how far the most admirable community ever framed was removed from that perfection to which human society is impelled by some active power within each bosom to aspire, how great ought to be our hopes, how resolute our struggles! For the Greeks of the Periclean age were widely different from us. It is to be lamented that no modern writer has hitherto dared to show them precisely as they were. Barthelemi cannot be denied the praise of industry and system; but he never forgets that he is

condições do homem – embora a justiça e o verdadeiro significado da sociedade humana sejam, se não mais precisamente, mais geralmente compreendidos; embora os homens saibam mais, e portanto sejam mais, como uma massa, ainda que este princípio nunca tenha sido empregado, e requeira, de fato, uma mudança universal e quase terrível no sistema das coisas existentes. O estudo da história moderna é o estudo de reis, financistas, estadistas e prelados. A história da velha Grécia é o estudo de legisladores, filósofos e poetas; é a história do homem, comparada à história dos títulos. O que eram os gregos, era a realidade, e não uma promessa. E o que somos e almejamos, é derivado, por assim dizer, da influência e inspiração daquelas gloriosas gerações.

O que se inclinar a propiciar uma ilustração adicional das maneiras e das opiniões daqueles a quem tanto devemos e que eram, talvez, os mais perfeitos espécimes da humanidade de quem temos autênticos registros, será infinitamente valioso. Deixe-nos ver seus erros, suas fraquezas, suas ações diárias, suas conversas familiares e apreender o tom de sua sociedade. Quando descobrimos quão longe a comunidade mais admirável já formada estava da perfeição à qual a sociedade humana é impelida por algum poder ativo, dentro de cada peito, a aspirar, quão grandes devem ser nossas esperanças, quão determinadas nossas lutas! Pois os gregos da era Pericleana eram muito diferentes de nós. É de se lamentar que nenhum escritor moderno tenha, até então, ousado exibi-los precisamente como são. A Barthelemi não pode ser negado o elogio do engenho e do método; mas ele nunca se

esquece de que é cristão e francês. Wieland, em suas deliciosas novelas, de fato se faz de tolerável pagão, mas acalenta muitos orgulhos políticos e se priva de diminuir o interesse de seus romances ao pintar sentimentos com os quais nenhum europeu dos tempos modernos poderia, possivelmente, simpatizar. Não há um livro que mostra os gregos precisamente como eram; todos parecem ter sido escritos para crianças, com o cuidado de que nenhum hábito ou sentimento, em muito dissonante de nossos modos atuais, sejam mencionados, a menos que tais modos sejam ultrajados e violados. Mas há muitos para os quais o idioma grego é inacessível, que deveriam não ser excluídos, por tal recato, de possuir uma idéia exata e abrangente da história do homem; pois não há nenhum conhecimento relativo ao que o homem foi e pode ser, da partilha do que uma pessoa pode renunciar, sem se tornar, de certa forma, mais filosófico, tolerante e justo.

Uma das principais distinções entre as maneiras da velha Grécia e as da moderna Europa consistia nos regulamentos e nos sentimentos em relação ao sexo. Se essa diferença surge de alguma imperfeita influência das doutrinas de Jesus, que prega a absoluta e incondicional igualdade entre todos os seres humanos ou das instituições da cavalaria, ou de uma certa diferença fundamental da natureza física existente entre os celtas, ou de uma combinação de todas ou de quaisquer uma dessas causas agindo sobre outras, é uma questão que vale uma extensa investigação. O fato é que os modernos europeus fizeram, com tal circunstância e com a abolição da escravidão, um aprimoramento mais decisivo nas regras da sociedade

society; and all the virtue and the wisdom of the Periclean age arose under other institutions, in spite of the diminution which personal slavery and the inferiority of women, recognized by law and opinion, must have produced in the delicacy, the strength, the comprehensiveness, and the accuracy of their conceptions, in moral, political, and metaphysical science, and perhaps in every other art and science. The women, thus degraded, became such as it was expected they would become. They possessed, except with extraordinary exceptions, the habits and the qualities of slaves. They were probably not extremely beautiful; at least there was no such disproportion in the attractions of the external form between the female and male sex among the Greeks, as exists among the modern Europeans. They were certainly devoid of that moral and intellectual loveliness with which the acquisition of knowledge and the cultivation of sentiment animates, as with another life of overpowering grace, the lineaments and the gestures of every form which they inhabit. Their eyes could not have been deep and intricate from the workings of the mind, and could have entangled no heart in soul-enwoven labyrinths.

Let it not be imagined that because the Greeks were deprived of its legitimate object, they were incapable of sentimental love; and that this passion is the mere child of chivalry and the literature of modern times. This object or its archetype for ever exists in the mind, which selects among those who resemble it that which most resembles it; and instinctively fills up the interstices of the imperfect image, in the same manner as the imagination

humana; e toda a virtude e sabedoria da era Pericleana surgiram sob outras instituições, apesar da diminuição que a escravidão pessoal e a inferioridade da mulher, reconhecida pela lei e pela opinião, devem ter produzido sobre a delicadeza, a força, a abrangência e a precisão de suas concepções sobre as ciências da moral, da política e da metafísica, e talvez sobre todas as outras artes e ciências.

A mulher, assim reduzida, tornou-se tal como se esperava que se tornasse. Elas possuíam, exceto por extraordinárias exceções, os hábitos e as qualidades dos escravos. Elas eram, provavelmente, não extremamente belas; pelo menos não havia tal desproporção nas atrações da forma externa entre os sexos masculino e feminino entre os gregos, como existe entre os modernos europeus. Certamente elas eram privadas daquele encanto moral e intelectual que a aquisição de conhecimentos e o cultivo de sentimentos anima, como com outra vida de graça extremamente potente, os alinhamentos e os gestos de toda a forma que habitam. Seus olhos não poderiam ter sido profundos e intrincados nos mecanismos da mente, e não poderiam se emaranhar intensamente nos labirintos tecidos pela alma.

Não imaginemos que, porque os gregos eram privados de seu legítimo objeto, eram incapazes do amor sentimental; e que esta paixão é apenas uma filha da cavalaria e da literatura dos tempos modernos. Este objeto, ou seu arquétipo, existe eternamente na mente, que seleciona entre aqueles que se parecem aqueles que mais se assemelham a ele; e, instintivamente, preenche os interstícios da imagem imperfeita, do mesmo modo como a imaginação molda e completa as formas nas nuvens, ou no fogo, nas semelhanças de qualquer forma, seja a de um animal ou de um edifício etc, acontece de estar presente. O homem, em seu estado mais selvagem, é um ser social: um certo grau de civilização e refinamento sempre produz a falta de amizades ainda mais íntimas e completas; e a gratificação dos sentidos já não é mais tudo o que se busca em uma conexão sexual. Esta logo se torna uma ínfima parte daquele profundo e complicado sentimento, que todos chamamos de amor, que é, de fato, a ânsia universal por uma comunhão não apenas dos sentidos, mas de toda a nossa natureza, imaginativa, intelectual e sensitiva, e que, quando individualizada, torna-se uma necessidade imperiosa, apenas a ser satisfeita pelo cumprimento, completo ou parcial, verdadeiro ou suposto, de suas petições. Esta necessidade cresce em poder na proporção do desenvolvimento que nossa natureza recebe da civilização, pois o homem nunca deixa de ser um ser social. O impulso sexual, que é único, apenas, e freqüentemente uma pequena parte dessas petições, serve, de sua natureza óbvia e externa, como um tipo ou expressão das outras, uma base comum, um elo reconhecido e visível. Ainda, é uma petição que extrai um poder, não seu, das circunstâncias acessórias que a cercam e daquela que a nossa natureza anseia satisfazer. Para estimá-la, observe o grau de intensidade e da durabilidade do amor do macho em relação à fêmea em animais e nos selvagens, e reconheça toda a duração e a intensidade visíveis no amor dos seres civilizados, além daquele dos selvagens, a ser produzidos por outras causas. Na suscetibilidade dos sentidos externos, provavelmente, não há diferença significativa.

moulds and completes the shapes in clouds, or in the fire, into the resemblances of whatever form, animal, building, &c., happens to be present to it. Man is in his wildest state a social being: a certain degree of civilization and refinement ever produces the want of sympathies still more intimate and complete; and the gratification of the senses is no longer all that is sought in sexual connexion. It soon becomes a very small part of that profound and complicated sentiment, which we call love, which is rather the universal thirst for a communion not only of the senses, but of our whole nature, intellectual, imaginative and sensitive, and which, when individualized, becomes an imperious necessity, only to be satisfied by the complete or partial, actual or supposed fulfilment of its claims. This want grows more powerful in proportion to the development which our nature receives from civilization, for man never ceases to be a social being. The sexual impulse, which is only one, and often a small part of those claims, serves, from its obvious and external nature, as a kind of type or expression of the rest, a common basis, an acknowledged and visible link. Still it is a claim which even derives a strength not its own from the accessory circumstances which surround it, and one which our nature thirsts to satisfy. To estimate this, observe the degree of intensity and durability of the love of the male towards the female in animals and savages and acknowledge all the duration and intensity observable in the love of civilized beings beyond that of savages to be produced from other causes. In the susceptibility of the external senses there is probably no important difference.

Among the ancient Greeks the male sex, one half of the human race, received the highest cultivation and refinement: whilst the other, so far as intellect is concerned, were educated as slaves and were raised but few degrees in all that related to moral of intellectual excellence above the condition of savages. The gradations in the society of man present us with slow improvement in this respect. The Roman women held a higher consideration in society, and were esteemed almost as the equal partners with their husbands in the regulation of domestic economy and the education of their children. The practices and customs of modern Europe are essentially different from and incomparably less pernicious than either, however remote from what an enlightened mind cannot fail to desire as the future destiny of human beings.

Entre os gregos antigos, o sexo masculino, metade da raça humana, recebeu o mais superior cultivo e refinamento; enquanto a outra, no que tange à intelectualidade, foi educada como escrava e subiu poucos degraus em tudo o que está relacionado à moral da excelência intelectual, acima da condição de selvagem. As graduações da sociedade do homem se nos apresentam com lento desenvolvimento a esse respeito. As mulheres romanas tinham uma consideração superior pela sociedade e eram tratadas quase como as parceiras iguais de seus maridos na regulamentação da economia doméstica e na educação de seus filhos. As práticas e os costumes da moderna Europa são essencialmente diferentes e incomparavelmente menos danosas do que ambas, embora longe do que uma mente iluminada não poderia deixar de desejar como o destino futuro dos seres humanos.

1815; publicado em 1840.

Sobre O Simpósio ou Prefácio ao Banquete de Platão

ON THE SYMPOSIUM, OR PREFACE TO THE BANQUET OF PLATO

UM FRAGMENTO

O diálogo intitulado "O Banquete" foi selecionado pelo tradutor como o mais belo e perfeito entre todos os trabalhos de Platão[19]. Ele não tem esperança de ter transposto ao idioma inglês qualquer parte das excelentes graças da obra ou de ter feito mais do que apresentar uma sombra imperfeita do idioma e do sentimento de tal surpreendente produção.

Platão é, eminentemente, o maior entre os filósofos gregos e, de quem, ou melhor, talvez por ele, seu mestre Sócrates tenha procedido tais emanações

[19] A República, embora repleta de consideráveis erros de julgamento, é, de fato, o maior repositório de importantes verdades entre todos os trabalhos de Platão. Isso porque, talvez, seja seu trabalho mais extenso. Ele primeiro, e talvez, último, mantinha que um estado não deve ser governado pelo mais rico, nem pelo mais ambicioso ou pelo mais arguto, e sim pelo mais sábio; o método de selecionar tais governantes e as leis pelas quais tal seleção é feita devem corresponder e se originar da liberdade moral e do refinamento do povo.

A FRAGMENT

The dialogue entitled The Banquet was selected by the translator as the most beautiful and perfect among all the works of Plato*. He despairs of having communicated to the English language any portion of the surpassing graces of the composition, or having done more than present an imperfect shadow of the language and the sentiment of this astonishing production.

Plato is eminently the greatest among the Greek philosophers, and from, or, rather, perhaps through him,

* The Republic, though replete with considerable errors of speculation, is, indeed, the greatest repository of important truths of all the works of Plato. This, perhaps, is because it is the longest. He first, and perhaps last, maintained that a state ought to be governed, not by the wealthiest, or the most ambitious, or the most cunning, but by the wisest; the method of selecting such rulers, and the laws by which such a selection is made, must correspond with and arise out of the moral freedom and refinement of the people

his master Socrates, have proceeded those emanations of moral and metaphysical knowledge, on which a long series and an incalculable variety of popular superstitions have sheltered their absurdities from the slow contempt of mankind. Plato exhibits the rare union of close and subtle logic with the Pythian enthusiasm of poetry, melted by the splendour and harmony of his periods into one irresistible stream of musical impressions, which hurry the persuasions onward, as in a breathless career. His language is that of an immortal spirit, rather than a man. Lord Bacon is, perhaps, the only writer, who, in these particulars, can be compared with him: his imitator, Cicero, sinks in the comparison into an ape mocking the gestures of a man. His views into the nature of mind and existence are often obscure, only because they are profound; and though his theories respecting the government of the world, and the elementary laws of moral action, are not always correct, yet there is scarcely any of his treatises which do not, however stained by puerile sophisms, contain the most remarkable intuitions into all that can be the subject of the human mind. His excellence consists especially in intuition, and it is this faculty which raises him far above Aristotle, whose genius, though vivid and various, is obscure in comparison with that of Plato.

The dialogue entitled the Banquet, is called a Discussion upon Love, and is supposed to have taken place at the house of Agathon, at one of a series of festivals given by that poet, on the occasion of his gaining the prize of tragedy at the Dionysiaca. The account of the debate on this occasion is supposed to have been given by

de conhecimento moral e metafísico, na qual uma longa série e uma incalculável variedade de superstições populares tenham abrigado estes absurdos do lento desprezo da humanidade. Platão exibe a rara união de íntima e sutil lógica com o entusiasmo dos Pítios pela poesia, fundida pelo esplendor e harmonia de seus versos em um fluxo irresistível de impressões musicais, que acelera a persuasão adiante, com em uma esbaforida carreira. Sua linguagem é aquela de um espírito imortal e não a de um homem. Lorde Bacon é, talvez, o único escritor que, nestes detalhes, pode ser comparado com ele: seu imitador, Cícero, afunda-se na comparação como um macaco imitando os gestos de um homem. Suas visões da natureza da mente e da existência são freqüentemente obscuras, apenas porque são profundas; e, enquanto suas teorias a respeito do governo do mundo, e das leis elementares da ação moral, nem sempre estão corretas, ainda dificilmente algum de seus tratados, embora manchados por sofismos pueris, não contenham as mais notáveis intuições sobre tudo o que pode ser tema para a mente humana. Sua excelência consiste especialmente na intuição e é essa faculdade que o eleva bem acima de Aristóteles, cujo gênio, embora vívido e variado, é obscuro em relação ao de Platão.

O diálogo intitulado "O Banquete", também chamado de "Discussão sobre o Amor", supostamente ocorreu na casa de Ágato, em uma de uma série de festivais ofertados por aquele poeta, na ocasião de ter sido laureado com o prêmio da tragédia nas Dionísicas. O relato de tal debate nessa ocasião é supostamente dado por Apolodoro, um pupilo de Sócrates, muitos anos depois de ter ocorrido, a um companheiro desejoso de ouvi-lo. Esse Apolodoro parece, tanto pelo estilo no qual é representado nesta peça, quanto por uma passagem no Phaedon, ter sido uma pessoa de temperamento apaixonado e entusiástico; para tomar emprestada uma imagem dos pintores italianos, ele parece ter sido o São João do grupo socrático. O drama (pois assim a vigorosa distinção de personagem e as várias e bem trabalhadas circunstâncias da história quase o capacitam a assim chamá-lo) começa com Sócrates convencendo Aristodemo a jantar na casa de Ágato, sem ser convidado. A íntegra desta introdução proporciona a mais vigorosa concepção dos refinados modos atenienses.

1818; publicado em 1840
[INACABADO]

Apollodorus, a pupil of Socrates, many years after it had taken place, to a companion who was curious to hear it.' This Apollodorus appears, both from the style in which he is represented in this piece, as well as from a passage in the Phaedon, to have been a person of an impassioned and enthusiastic disposition; to borrow an image from the Italian painters, he seems to have been the St. John of the Socratic group. The drama (for so the lively distinction of character and the various and well-wrought circumstances of the story almost entitle it to be called) begins by Socrates persuading Aristodemus to sup at Agathon's, uninvited. The whole of this introduction affords the most lively conception of refined Athenian manners.

1818; publ. 1840
[UNFINISHED]

Uma Defesa da Poesia

A DEFENCE OF POETRY

According to one mode of regarding those two classes of mental action, which are called reason and imagination, the former may be considered as mind contemplating the relations borne by one thought to another, however produced; and the latter, as mind acting upon those thoughts so as to colour them with its own light, and composing from them, as from elements, other thoughts, each containing within itself the principle of its own integrity. The one is the *poiein* or the principle of synthesis, and has for its objects those forms which are common to universal nature and existence itself; the other is the *logizein* or principle of analysis, and its action regards the relations of things, simply as relations; considering thoughts, not in their integral unity, but as the algebraical representations which conduct to certain general results. Reason is the enumeration of quantities already known; imagination is the perception of the value of those

Concomitante a uma maneira de considerar as duas classes de ações mentais, que são chamadas de razão e imaginação, a primeira pode ser considerada como a mente contemplando as relações causadas por um pensamento a outro, não importa como produzido; e a última, como a mente agindo sobre estes pensamentos como para pintá-los com sua própria luz, e compor, a partir deles, outros pensamentos, cada um contendo em si o princípio de sua própria integridade. Esta é *poiein*, ou o princípio da síntese, e tem como seus objetos aquelas formas que são comuns à natureza universal e à própria existência; aquela é *logizein*, ou o princípio da análise, e sua ação considera a relação das coisas, simplesmente como relações; considera os pensamentos não em sua unidade integral, mas como representações algébricas que conduzem a certos resultados gerais. A razão é a enumeração das quantidades já conhecidas; a imaginação é a percepção do valor destas quantidades, tanto separadamente quanto no todo. A razão respeita as diferenças e a imaginação, a semelhança das coisas. A razão é, para a imaginação, como um instrumento ao agente, como o corpo ao espírito, como a sombra para a substância.

A poesia, em seu sentido comum, pode ser definida como 'a expressão da imaginação': e a poesia é inata à origem do homem. O homem é o instrumento sobre o qual uma série de impressões internas e externas é conduzida, como as alternações de um vento inconstante sobre uma lira Eólica, que a move com seu perambular a uma inconstante melodia. Mas há um princípio no ser humano e, talvez, em todos os seres conscientes, que age de modo contrário do que na lira e produz não apenas melodias, mas harmonia, por um ajuste interno dos sons e dos movimentos assim estimulados às impressões que os excitam. É como se a lira pudesse acomodar seus acordes nos movimentos daquele que os toca, em uma proporção determinada de som; como se o músico pudesse acomodar sua voz ao som da lira. Uma criança brincando consigo mesma expressará seu prazer com sua voz e movimentos; e cada inflexão de tom e cada gesto terão relação exata a um correspondente antítipo nas prazerosas impressões que a despertaram; será a imagem refletida daquela impressão; e, como a lira treme e ressoa depois que o vento se dissipou, assim a criança busca, ao prolongar em sua voz e movimentos a duração do efeito, também prolongar a consciência da causa. Em relação aos objetos que podem divertir uma criança, estas expressões são o que a poesia é, para objetos superiores. O selvagem (pois o

quantities, both separately and as a whole. Reason respects the differences, and imagination the similitudes of things. Reason is to the imagination as the instrument to the agent, as the body to the spirit, as the shadow to the substance.

Poetry, in a general sense, may be defined to be 'the expression of the imagination': and poetry is connate with the origin of man. Man is an instrument over which a series of external and internal impressions are driven, like the alternations of an ever-changing wind over an Aeolian lyre, which move it by their motion to ever-changing melody. But there is a principle within the human being, and perhaps within all sentient beings, which acts otherwise than in the lyre, and produces not melody alone, but harmony, by an internal adjustment of the sounds or motions thus excited to the impressions which excite them. It is as if the lyre could accommodate its chords to the motions of that which strikes them, in a determined proportion of sound; even as the musician can accommodate his voice to the sound of the lyre. A child at play by itself will express its delight by its voice and motions; and every inflexion of tone and every gesture will bear exact relation to a corresponding antitype in the pleasurable impressions which awakened it; it will be the reflected image of that impression; and as the lyre trembles and sounds after the wind has died away, so the child seeks, by prolonging in its voice and motions the duration of the effect, to prolong also a consciousness of the cause. In relation to the objects which delight a child, these expressions are, what poetry is to higher objects. The savage (for the savage is to ages what the child is to years) expresses the emotions produced in him by surrounding objects in a similar manner; and language and gesture, together with plastic or pictorial imitation, become the image of the combined effect of those objects, and of his apprehension of them. Man in society, with all his passions and his pleasures, next becomes the object of the passions and pleasures of man; an additional class of emotions produces an augmented treasure of expressions; and language, gesture, and the imitative arts, become at once the representation and the medium, the pencil and the picture, the chisel and the statue, the chord and the harmony. The social sympathies, or those laws from which, as from its elements, society results, begin to develop themselves from the moment that two human beings coexist; the future is contained within the present, as the plant within the seed; and equality, diversity, unity, contrast, mutual dependence, become the principles alone capable of affording the motives according to which the will of a social being is determined to action, inasmuch as he is social; and constitute pleasure in sensation, virtue in sentiment, beauty in art, truth in reasoning, and love in the intercourse of kind. Hence men, even in the infancy of society, observe a certain order in their words and actions, distinct from that of the objects and the impressions represented by them, all expression being subject to the laws of that from which it proceeds. But let us dismiss those more general considerations which might involve an inquiry into

selvagem está para as eras o que a criança está para os anos) expressa as emoções nele produzidas pelos objetos ao seu redor de maneira similar; e a linguagem e os gestos, juntamente com a imitação plástica ou pictórica, tornam-se a imagem do efeito combinado daqueles objetos e sua apreensão deles. O homem, em sociedade, com todas as suas paixões e seus prazeres, passa a ser em seguida o objeto das paixões e dos prazeres do homem; uma classe adicional de emoções produz um tesouro expandido de expressões; e a linguagem, os gestos e as artes imitativas, tornam-se definitivamente a representação e o meio, o pincel e o quadro, o buril e a estátua, o acorde e a harmonia. As simpatias sociais, ou aquelas leis das quais, assim como de seus elementos, resulta a sociedade, começam a se desenvolver a partir do momento em que dois seres humanos co-existem; o futuro está contido no presente, como uma planta na semente; e a igualdade, a diversidade, a unidade, o contraste, a dependência mútua tornam-se os únicos princípios capazes de propiciar os motivos que, concomitante a eles, determinam que a vontade de um ser social torne ação, visto que o homem é social; e constituem-se prazer na sensação, virtude no sentimento, beleza na arte, verdade no raciocínio e amor no relacionamento da espécie. Daí que o homem, mesmo na infância da sociedade, observa certa ordem em suas palavras e em suas ações, diferente daquela dos objetos e das impressões representada por estes, toda a expressão sendo sujeita às leis daquela que o precede. Mas não nos detenhamos nessas considerações mais generalizadas que podem se desenvolver em uma pesquisa sobre os princípios da própria sociedade e mantenhamos nossa visão na maneira por meio da imaginação se expressa em várias formas.

Na juventude do mundo, os homens dançavam, cantavam e imitavam os objetos da natureza, observando nessas ações, como em todas as outras, certo ritmo ou ordem. E, embora todos os homens observassem um ritmo similar, eles não notaram a mesma ordem nos movimentos da dança, na melodia da canção, nas combinações da linguagem, na série de suas imitações dos objetos naturais. Pois há certa ordem ou ritmo pertencente a cada uma dessas classes de representações miméticas, das quais o ouvinte e o espectador recebem um prazer mais intenso e mais puro do que de qualquer outra: a sensação de uma aproximação à esta ordem tem sido chamada de gosto pelos escritores modernos. Todo homem, na infância das artes, observa uma ordem que se aproxima, mais ou menos, daquela que tal prazer superior resulta: mas a diversidade não é suficientemente reparada, como tais graduações devem ser sensíveis, exceto nos casos onde a predominância desta faculdade de aproximação ao belo (pois então podemos ser autorizados a dar nome à relação entre este prazer mais superior e sua causa) é muito grande. Aqueles nos quais essa faculdade existe em excesso são os poetas, no sentido mais universal da palavra; e o prazer resultante da maneira como eles expressam a influência da sociedade ou da natureza sobre suas próprias mentes comunica-se com os outros e reúne um tipo ou reduplicação daquela comunidade. Sua linguagem é essencialmente metafórica; ou seja, aprende as antes

the principles of society itself, and restrict our view to the manner in which the imagination is expressed upon its forms.

In the youth of the world, men dance and sing and imitate natural objects, observing in these actions, as in all others, a certain rhythm or order. And, although all men observe a similar, they observe not the same order, in the motions of the dance, in the melody of the song, in the combinations of language, in the series of their imitations of natural objects. For there is a certain order or rhythm belonging to each of these classes of mimetic representation, from which the hearer and the spectator receive an intenser and purer pleasure than from any other: the sense of an approximation to this order has been called taste by modern writers. Every man in the infancy of art observes an order which approximates more or less closely to that from which this highest delight results: but the diversity is not sufficiently marked, as that its gradations should be sensible, except in those instances where the predominance of this faculty of approximation to the beautiful (for so we may be permitted to name the relation between this highest pleasure and its cause) is very great. Those in whom it exists in excess are poets, in the most universal sense of the word; and the pleasure resulting from the manner in which they express the influence of society or nature upon their own minds, communicates itself to others, and gathers a sort or reduplication from that community. Their language is vitally metaphorical; that is, it marks the before unapprehended relations of things and perpetuates their apprehension, until the words which represent them become, through time, signs for portions or classes of thoughts instead of pictures of integral thoughts; and then if no new poets should arise to create afresh the associations which have been thus disorganized, language will be dead to all the nobler purposes of human intercourse. These similitudes or relations are finely said by Lord Bacon to be 'the same footsteps of nature impressed upon the various subjects of the world'*; and he considers the faculty which perceives them as the storehouse of axioms common to all knowledge. In the infancy of society every author is necessarily a poet, because language itself is poetry; and to be a poet is to apprehend the true and the beautiful, in a word, the good which exists in the relation, subsisting, first between existence and perception, and secondly between perception and expression. Every original language near to its source is in itself the chaos of a cyclic poem: the copiousness of lexicography and the distinctions of grammar are the works of a later age, and are merely the catalogue and the form of the creations of poetry.

But poets, or those who imagine and express this indestructible order, are not only the authors of language and of music, of the dance, and architecture, and statuary, and painting; they are the institutors of laws, and the founders of civil society, and the inventors of the arts of life, and the teachers, who draw into a certain propinquity with the beautiful and the true, that partial apprehension

desapercebidas relações das coisas e perpetua tal apreensão, até que as palavras que as representam se tornam, pelo tempo, sinais para partes ou tipos de pensamentos, ao invés de quadros de pensamentos completos; e então, se novos poetas não se erguerem para criar inéditas associações que antes estavam desorganizadas, a linguagem morrerá para todos os nobres propósitos do relacionamento humano. Estas semelhanças ou relações são ricamente descritas por Lorde Bacon como sendo 'as mesmas pegadas da natureza impressas sobre os variados temas do mundo'[20]; e ele considera a faculdade que as percebe como o armazém de axiomas comum a todo o conhecimento. Na aurora da sociedade, cada autor era necessariamente um poeta, porque a própria linguagem era a poesia; e ser um poeta é apreender o real e o belo, em uma palavra, o bem que existe na relação, subsistindo, primeiro entre a existência e a percepção, e, em segundo lugar, entre a percepção e a expressão. Toda linguagem original, próxima de sua fonte, é, em si mesma, o caos de um poema cíclico: a abundância do léxico e as distinções da gramática são trabalhos de uma era posterior e constituem simplesmente o catálogo e a forma das criações da poesia.

Mas os poetas, ou aqueles que imaginam e expressam essa ordem indestrutível, não são apenas os autores da linguagem e da música, da dança, da arquitetura, da escultura e da pintura; eles são os instituidores das leis, e os fundadores da sociedade civil, e os inventores das artimanhas da vida, e os professores, que levam a certa proximidade com o belo e o real aquela parcial apreensão das atividades do

---

* De Augment. Scient., cap. i, lib. iii

[20] De Augment. Scient., cap. i, lib. iii

mundo invisível que é chamado de religião. Daí que todas as religiões são alegóricas ou suscetíveis de alegorias, e, como Jano, têm uma dupla face de falsidade e verdade. Os poetas, conforme as circunstâncias da época e da nação onde surgem, eram chamados, nas primeiras épocas do mundo, de legisladores ou profetas: um poeta, essencialmente, contém e une os dois personagens. Pois ele não apenas intensamente observa o presente como o é e descobre as leis de acordo com as quais as coisas presentes devem ser ordenadas, mas também observa o futuro no presente e seus pensamentos são as sementes das flores e dos frutos do porvir. Não afirmo que os poetas sejam profetas no sentido pejorativo da palavra ou que possam predizer a forma tão asseguradamente quanto eles sabem, de antemão, o espírito dos eventos; tal é a pretensão da superstição, que poderia fazer da poesia um atributo da profecia, do que a profecia um atributo da poesia. Um poeta participa no eterno, no infinito e no único; até onde concerne às suas concepções, o tempo, o lugar e os números não existem. As formas gramaticais que expressam os ânimos do tempo, as diferenças entre as pessoas e as distinções de lugar, são conversíveis com respeito à mais alta poesia sem a ferir como poesia; e os refrões de Ésquilo, e o Livro de Jó, e o Paraíso de Dante propiciariam, mais do que qualquer outro escrito, exemplos de tal fato, se os limites deste ensaio não proibissem citações. As criações de escultura, pintura e música são ilustrações ainda mais evidentes.

A linguagem, cor, forma e hábitos de ação civis e religiosos são,

of the agencies of the invisible world which is called religion. Hence all original religions are allegorical, or susceptible of allegory, and, like Janus, have a double face of false and true. Poets, according to the circumstances of the age and nation in which they appeared, were called, in the earlier epochs of the world, legislators, or prophets: a poet essentially comprises and unites both these characters. For he not only beholds intensely the present as it is, and discovers those laws according to which present things ought to be ordered, but he beholds the future in the present, and his thoughts are the germs of the flower and the fruit of latest time. Not that I assert poets to be prophets in the gross sense of the word, or that they can foretell the form as surely as they foreknow the spirit of events: such is the pretence of superstition, which would make poetry an attribute of prophecy, rather than prophecy an attribute of poetry. A poet participates in the eternal, the infinite, and the one; as far as relates to his conceptions, time and place and number are not. The grammatical forms which express the moods of time, and the difference of persons, and the distinction of place, are convertible with respect to the highest poetry without injuring it as poetry; and the choruses of Aeschylus, and the book of Job, and Dante's Paradise, would afford, more than any other writings, examples of this fact, if the limits of this essay did not forbid citation. The creations of sculpture, painting, and music, are illustrations still more decisive.

Language, colour, form, and religious and civil habits of action, are all the instruments and materials of poetry; they may be called poetry by that figure of speech which considers the effect as a synonym of the cause. But poetry in a more restricted sense expresses those arrangements of language, and especially metrical language, which are created by that imperial faculty; whose throne is curtained within the invisible nature of man. And this springs from the nature itself of language, which is a more direct representation of the actions and passions of our internal being, and is susceptible of more various and delicate combinations, than colour, form, or motion, and is more plastic and obedient to the control of that faculty of which it is the creation. For language is arbitrarily produced by the imagination and has relation to thoughts alone; but all other materials, instruments and conditions of art, have relations among each other, which limit and interpose between conception and expression The former is as a mirror which reflects, the latter as a cloud which enfeebles, the light of which both are mediums of communication. Hence the fame of sculptors, painters, and musicians, although the intrinsic powers of the great masters of these arts may yield in no degree to that of those who have employed language as the hieroglyphic of their thoughts, has never equalled that of poets in the restricted sense of the term, as two performers of equal skill will produce unequal effects from a guitar and a harp. The fame of legislators and founders of religions, so long as their institutions last, alone seems to exceed that of poets in the restricted sense; but it can scarcely be a question, whether, if we deduct the celebrity

todos, instrumentos e materiais da poesia; podem ser chamados de poesia por aquela figura de linguagem que considera o efeito como sinônimo da causa. Mas a poesia, em um sentido mais restrito, expressa tais arranjos da linguagem, e especialmente da linguagem métrica, que são criadas por tal imperial faculdade; cujo trono é acortinado com a invisível natureza do homem. E essa nasce da própria natureza da linguagem, que é uma representação mais direta das ações e das paixões de nosso ser interno, e é suscetível das mais variadas e delicadas combinações, do que pela cor, forma ou movimento, e é mais plástica e obediente ao controle daquela faculdade da qual é criação. Pois a linguagem é produzida arbitrariamente pela imaginação e tem relação apenas com o pensamento; mas todos os outros materiais, instrumentos e condições da arte têm relação uns aos outros, que limitam e interferem entre a concepção e a expressão. A primeira é como um espelho, que reflete, a última como uma nuvem, que debilita, a luz da qual ambas são meios de comunicação. Daí a fama de escultores, pintores e músicos, embora as forças intrínsecas dos grandes mestres dessas artes não possam ceder, em nenhum grau, aos daqueles que têm empregado a linguagem como o hieróglifo de seus pensamentos, e nunca se igualou aos dos poetas no sentido estrito do termo, como dois executores de igual habilidade irão produzir efeitos desiguais de um violão ou de uma harpa. A fama de legisladores e dos fundadores de religiões, enquanto as suas instituições durarem, apenas parecem exceder a dos poetas no sentido exato; mas dificilmente pode ser uma questão se, caso deduzirmos a celebridade com que a bajulação das indecentes opiniões às quais o vulgo geralmente concorda, juntamente com a que pertenceria a eles em seu alto caráter de poetas, todo excesso permanecerá.

Assim, circunscrevemos a palavra poesia dentro dos limites daquela arte que é a mais familiar e a mais perfeita expressão da própria faculdade. É necessário, porém, estreitar ainda mais o círculo e determinar a diferença entre a linguagem métrica e a linguagem livre; pois a divisão popular, em prosa e verso, é inadmissível à filosofia exata.

Os sons, assim como os pensamentos, se relacionam tanto entre si mesmos quanto na direção do que representam, e uma percepção da ordem dessas relações sempre se descobriu conectada à ordem das relações entre os pensamentos. Daí que a linguagem dos poetas sempre tem afetado uma certa repetição, uniforme e harmoniosamente recorrente do som, sem o qual não seria poesia, e que é dificilmente menos indispensável à transmissão de sua influência do que as próprias palavras, sem referir a nenhuma ordem peculiar. Daí a vaidade da tradução; seria tão sábio quanto lançar uma violeta em um crisol, para se descobrir o princípio formal de sua cor e de seu odor, procurar transpor de um idioma para o outro as criações de um poeta. A planta deverá nascer novamente de sua semente ou não florescerá – e este é o fardo da maldição de Babel.

Uma observação do modo regular da recorrência da harmonia na linguagem das mentes poéticas, junto com sua relação à música, produziria o metro ou um sistema específico de formas tradicionais de harmonia e de linguagem.

which their flattery of the gross opinions of the vulgar usually conciliates, together with that which belonged to them in their higher character of poets, any excess will remain.

We have thus circumscribed the word poetry within the limits of that art which is the most familiar and the most perfect expression of the faculty itself. It is necessary, however, to make the circle still narrower, and to determine the distinction between measured and unmeasured language; for the popular division into prose and verse is inadmissible in accurate philosophy.

Sounds as well as thoughts have relation both between each other and towards that which they represent, and a perception of the order of those relations has always been found connected with a perception of the order of the relations of thoughts. Hence the language of poets has ever affected a certain uniform and harmonious recurrence of sound, without which it were not poetry, and which is scarcely less indispensable to the communication of its influence, than the words themselves, without reference to that peculiar order. Hence the vanity of translation; it were as wise to cast a violet into a crucible that you might discover the formal principle of its colour and odour, as seek to transfuse from one language into another the creations of a poet. The plant must spring again from its seed, or it will bear no flower – and this is the burthen of the curse of Babel.

An observation of the regular mode of the recurrence of harmony in the language of poetical minds, together with its relation to music, produced metre, or a certain system of traditional forms of harmony and language. Yet it is by no means essential that a poet should accommodate his language to this traditional form, so that the harmony, which is its spirit, be observed. The practice is indeed convenient and popular, and to be preferred, especially in such composition as includes much action: but every great poet must inevitably innovate upon the example of his predecessors in the exact structure of his peculiar versification. The distinction between poets and prose writers is a vulgar error. The distinction between philosophers and poets has been anticipated. Plato was essentially a poet—the truth and splendour of his imagery, and the melody of his language, are the most intense that it is possible to conceive. He rejected the measure of the epic, dramatic, and lyrical forms, because he sought to kindle a harmony in thoughts divested of shape and action, and he forbore to invent any regular plan of rhythm which would include, under determinate forms, the varied pauses of his style. Cicero sought to imitate the cadence of his periods, but with little success. Lord Bacon was a poet*. His language has a sweet and majestic rhythm, which satisfies the sense, no less than the almost superhuman wisdom of his philosophy satisfies the intellect; it is a strain which distends, and then bursts the circumference of the reader's mind, and pours itself forth together with it into the universal element with which it has perpetual sympathy. All the authors of revolutions in opinion are not only necessarily poets as they are inventors, nor even as their words unveil the permanent analogy of things by images

* See the "Filum Labyrinthi", and the "Essay on Death" particularly

Porém, de nenhuma maneira é essencial que um poeta deva acomodar sua linguagem a esta forma tradicional, para que a harmonia, que é seu espírito, seja observada. A prática é, com efeito, conveniente e popular e deve ser preferida, especialmente em tais composições como as que incluem muita ação: mas todo grande poeta deve, inevitavelmente, inovar o exemplo de seus predecessores, na estrutura exata de sua versificação singular. A diferença entre poetas e escritores de prosa é um erro vulgar. A distinção entre filósofos e poetas tem sido precedida. Platão era essencialmente um poeta – o realismo e o esplendor de suas imagens, e a melodia de sua linguagem, são as mais intensas que se poderia conceber. Ele rejeitou a métrica das formas épicas, dramáticas e líricas, pois buscava incitar uma harmonia nos pensamentos isenta de forma e de ação, e absteve-se de inventar qualquer plano regular de ritmo que incluiria, sob formas determinadas, as variadas pausas de seu estilo. Cícero buscou imitar a cadência de seus versos, mas com pouco sucesso. Lorde Bacon era um poeta[21]. Sua linguagem tem um ritmo doce e majestoso, que satisfaz os sentidos não menos do que a quase sobre humana sabedoria de sua filosofia satisfaz o intelecto; é um esforço que distende e, então, supera a circunferência da mente do leitor e despeja a si mesmo junto, consigo, pelo elemento universal com o que tem simpatia perpétua. Todos os autores das revoluções na opinião não são, necessariamente, poetas, como eram inventores, nem mesmo suas palavras desvelam a permanente analogia

[21] Consulte o "Filum Labyrinthi" e, especialmente, o "Ensaio sobre a Morte".

das coisas pelas imagens que participam na vida do real; mas como seus versos são harmoniosos e ritmados, e contêm em si mesmos os elementos do verso; são o eco da música eterna. Nem são aqueles poetas supremos, que empregaram as formas tradicionais de ritmo no relato da forma e da ação de seus temas, menos capazes de perceber e ensinar a verdade das coisas, do que aqueles que omitiram tal forma. Shakespeare, Dante e Milton (para ficarmos apenas com os escritores modernos) são filósofos do mais sublime poder.

Um poema é a própria imagem da vida, expressa em sua verdade eterna. Há esta diferença entre uma história e um poema, de que a história é um catálogo de fatos separados, que não têm outra conexão do que tempo, lugar, circunstância, causa e efeito; a outra é uma criação de ações de acordo com as imutáveis formas da natureza humana, como existente na mente do Criador, que é, ele próprio, a imagem de todas as demais mentes. A primeira é parcial e aplica-se somente a um período específico de tempo e a certa combinação de eventos que nunca poderão se repetir; a última é universal e contêm em si mesma o embrião de uma relação de quaisquer motivos ou ações que ocorram nas possíveis variedades da natureza humana. O Tempo, que destrói a beleza e a utilidade da história de fatos particulares, desprovida da poesia que poderia investi-los, eleva a beleza da poesia e constantemente desenvolve novas e formidáveis aplicações da eterna verdade que esta contém. Daí que os epítomes têm sido chamados de traças da justa história; elas devoram a sua poesia. Uma história de determinados fatos é como um espelho que obscurece e distorce o

be beautiful: poetry is a mirror which makes beautiful that which is distorted.

The parts of a composition may be poetical, without the composition as a whole being a poem. A single sentence may be a considered as a whole, though it may be found in the midst of a series of unassimilated portions: a single word even may be a spark of inextinguishable thought. And thus all the great historians, Herodotus, Plutarch, Livy, were poets; and although, the plan of these writers, especially that of Livy, restrained them; from developing this faculty in its highest degree, they made copious and ample amends for their subjection, by filling all the interstices of their subjects with living images.

Having determined what is poetry, and who are poets, let us proceed to estimate its effects upon society.

Poetry is ever accompanied with pleasure: all spirits on which it falls open themselves to receive the wisdom which is mingled with its delight. In the infancy of the world, neither poets themselves nor their auditors are fully aware of the excellence of poetry: for it acts in a divine and unapprehended manner, beyond and above consciousness; and it is reserved for future generations to contemplate and measure the mighty cause and effect in all the strength and splendour of their union. Even in modern times, no living poet ever arrived at the fullness of his fame; the jury which sits in judgement upon a poet, belonging as he does to all time, must be composed of his peers: it must be impanelled by Time from the selectest of the wise of many

muitas gerações. Um poeta é um rouxinol, que na escuridão se apruma para cantar e alegrar sua própria solidão com doces sons; seus ouvintes são como homens hipnotizados pela melodia de um músico invisível, que se sentem tocados e emocionados, ainda sem saber de onde ou por quê. Os poemas de Homero, e de seus contemporâneos, eram o prazer da infante Grécia; eram os elementos daquele sistema social que é a coluna sobre a qual toda a civilização a seguir repousou-se. Homero encarnava o ideal de perfeição em caráter humano de sua época; não podemos nem duvidar que, aqueles que lêem seus versos, foram despertados para uma ambição de se tornarem como Aquiles, Heitor e Ulisses, o real e o belo na amizade, patriotismo e na perseverante devoção a um objeto, se revelados às profundezas nestas criações imortais: os sentimentos dos ouvintes devem ter sido refinados e aumentados por uma simpatia por tão grandes e encantadoras representações, até que, pela admiração, eles os imitassem e, da imitação, identificassem a si mesmos com os objetos de sua admiração. Não deixemos que se objete que tais personagens estão longe da perfeição moral e que eles não possam, de jeito algum, ser considerados como edificantes padrões para a imitação geral. Cada época, sob nomes mais ou menos ardilosos, tem divinizado seus erros particulares; a Vingança é o ídolo nu do culto de uma época semi-bárbara; e o Auto-engano é a imagem velada do mal desconhecido, diante do qual estão prostradas a luxúria e a saciedade. Mas um poeta considera os vícios de seus contemporâneos um vestido temporário ao qual suas criações devem enfeitar e que cobre, sem esconder, as proporções eternas de sua beleza. Compreende-se

generations. A poet is a nightingale, who sits in darkness and sings to cheer its own solitude with sweet sounds; his auditors are as men entranced by the melody of an unseen musician, who feel that they are moved and softened, yet know not whence or why. The poems of Homer and his contemporaries were the delight of infant Greece; they were the elements of that social system which is the column upon which all succeeding civilization has reposed. Homer embodied the ideal perfection of his age in human character; nor can we doubt that those who read his verses were awakened to an ambition of becoming like to Achilles, Hector, and Ulysses the truth and beauty of friendship, patriotism, and persevering devotion to an object, were unveiled to the depths in these immortal creations: the sentiments of the auditors must have been refined and enlarged by a sympathy with such great and lovely impersonations, until from admiring they imitated, and from imitation they identified themselves with the objects of their admiration. Nor let it be objected, that these characters are remote from moral perfection, and that they can by no means be considered as edifying patterns for general imitation. Every epoch, under names more or less specious, has deified its peculiar errors; Revenge is the naked idol of the worship of a semi-barbarous age; and Self-deceit is the veiled image of unknown evil, before which luxury and satiety lie prostrate. But a poet considers the vices of his contemporaries as a temporary dress in which his creations must be arrayed, and which cover without concealing the eternal proportions of their beauty. An epic or dramatic personage is understood to wear them around his soul, as he may the ancient armour or the modern uniform around his body; whilst it is easy to conceive a dress more graceful than either. The beauty of the internal nature cannot be so far concealed by its accidental vesture, but that the spirit of its form shall communicate itself to the very disguise, and indicate the shape it hides from the manner in which it is worn. A majestic form and graceful motions will express themselves through the most barbarous and tasteless costume. Few poets of the highest class have chosen to exhibit the beauty of their conceptions in its naked truth and splendour; and it is doubtful whether the alloy of costume, habit, &c., be not necessary to temper this planetary music for mortal ears.

The whole objection, however, of the immorality of poetry rests upon a misconception of the manner in which poetry acts to produce the moral improvement of man. Ethical science arranges the elements which poetry has created, and propounds schemes and proposes examples of civil and domestic life: nor is it for want of admirable doctrines that men hate, and despise, and censure, and deceive, and subjugate one another. But poetry acts in another and diviner manner. It awakens and enlarges the mind itself by rendering it the receptacle of a thousand unapprehended combinations of thought. Poetry lifts the veil from the hidden beauty of the world, and makes familiar objects be as if they were not familiar; it reproduces all that it represents, and the impersonations clothed in its Elysian light stand thenceforward in the minds of those who have once contemplated them as

que um personagem épico ou dramático utilize-os em torno de sua alma, como a velha armadura ou o moderno uniforme, ao redor de seu corpo; contudo, é mais fácil conceber um vestido mais gracioso que ambos. A beleza da natureza interna não pode ser, por enquanto, coberta por suas vestes acidentais, mas que o espírito de sua forma possa se transmitir a si mesmo até o próprio disfarce e indicar a forma que esconde pela maneira como é vestido. Uma forma majestosa e graciosos movimentos se expressarão por meio do traje mais bárbaro e de mau gosto. Poucos dos principais poetas escolheram exibir a beleza de suas concepções em sua nua realidade e esplendor; e duvida-se que a liga de trajes, hábitos e etc., não seja necessária para temperar esta música planetária a mortais ouvidos.

A objeção completa, porém, da imoralidade da poesia descansa sobre uma interpretação equivocada da maneira pela qual a poesia age para produzir o aprimoramento moral do homem. A ciência ética dispõe os elementos sobre os quais a poesia é criada, e propõe esquemas e sugere exemplos de vida civil e doméstica; não é pela falta de admiráveis doutrinas que os homens têm ódio, e desprezam, e censuram, e privam, e subjugam um ao outro. Mas a poesia age de outra maneira, mais divina. Esta desperta e alarga a própria mente por fazê-la o receptáculo de mil combinações de pensamentos misteriosos. A poesia ergue o véu da beleza oculta do mundo, e torna familiar objetos como se não fossem familiares; reproduz tudo o que representa e as interpretações revestidas nesta luz Elísia permanecem, desde então, nas mentes daqueles que, uma vez, as contemplaram como memoriais daquele conteúdo, gentil e exaltado, que se estende sobre todos os pensamentos e ações com as quais coexistem. O grande segredo da moral é o amor; ou um afastamento de nossa própria natureza e uma identificação de nós mesmos com o belo que existe no pensamento, na ação ou na pessoa que não nós mesmos. Um homem, para ser enormemente bom, deve imaginar com intensidade e abrangência; ele deve se colocar no lugar de outro e de muitos mais; as dores e os prazeres de sua espécie devem se tornar as suas próprias. O grande instrumento do bem moral é a imaginação; e a poesia administra ao efeito por agir sobre a causa. A poesia expande a circunferência da imaginação ao enchê-la com o pensamento de constantes e novos prazeres, que têm o poder de atrair e assimilar à sua própria natureza todos os demais pensamentos, e que formam novos intervalos e interstícios cujo vazio sempre anseia por mais alimento. A poesia fortalece a faculdade que é o órgão da natureza moral do homem, da mesma maneira que o exercício fortalece um músculo. Um poeta, portanto, faria mal em personificar seus próprios conceitos de certo e errado, que são, geralmente, aqueles de seu lugar e seu tempo, em suas criações poéticas, as quais não contribuem em nenhum deles. Por esta suposição de inferior trabalho que é interpretar o efeito no qual, talvez, depois de tudo, ele possa cumprir com imperfeição, ele renunciaria à glória de uma participação na causa. Havia pouco risco de que Homero, ou qualquer outro dos poetas eternos, tenha assim não compreendido a si próprio para ter abdicado a este trono de sua dominação mais ampla. Aqueles nos quais a faculdade poética, embora grande, seja menos intensa, como em Eurípedes,

memorials of that gentle and exalted content which extends itself over all thoughts and actions with which it coexists. The great secret of morals is love; or a going out of our own nature, and an identification of ourselves with the beautiful which exists in thought, action, or person, not our own. A man, to be greatly good, must imagine intensely and comprehensively; he must put himself in the place of another and of many others; the pains and pleasures of his species must become his own. The great instrument of moral good is the imagination; and poetry administers to the effect by acting upon the cause. Poetry enlarges the circumference of the imagination by replenishing it with thought of ever new delight, which have the power of attracting and assimilating to their own nature all other thoughts, and which form new intervals and interstices whose void for ever craves fresh food. Poetry strengthens the faculty which is the organ of the moral nature of man, in the same manner as exercise strengthens a limb. A poet therefore would do ill to embody his own conceptions of right and wrong, which are usually those of his place and time, in his poetical creations, which participate in neither By this assumption of the inferior office of interpreting the effect in which perhaps after all he might acquit himself but imperfectly, he would resign a glory in a participation in the cause. There was little danger that Homer, or any of the eternal poets should have so far misunderstood themselves as to have abdicated this throne of their widest dominion. Those in whom the poetical faculty, though great, is less intense, as Euripides,

Lucan, Tasso, Spenser, have frequently affected a moral aim, and the effect of their poetry is diminished in exact proportion to the degree in which they compel us to advert to this purpose.

Homer and the cyclic poets were followed at a certain interval by the dramatic and lyrical poets of Athens, who flourished contemporaneously with all that is most perfect in the kindred expressions of the poetical faculty; architecture, painting, music the dance, sculpture, philosophy, and, we may add, the forms of civil life. For although the scheme of Athenian society was deformed by many imperfections which the poetry existing in chivalry and Christianity has erased from the habits and institutions of modern Europe; yet never at any other period has so much energy, beauty, and virtue, been developed; never was blind strength and stubborn form so disciplined and rendered subject to the will of man, or that will less repugnant to the dictates of the beautiful and the true, as during the century which preceded the death of Socrates. Of no other epoch in the history of our species have we records and fragments stamped so visibly with the image of the divinity in man. But it is poetry alone, in form, in action, or in language, which has rendered this epoch memorable above all others, and the storehouse of examples to everlasting time. For written poetry existed at that epoch simultaneously with the other arts, and it is an idle inquiry to demand which gave and which received the light, which all, as from a common focus, have scattered over the darkest periods of succeeding time. We know no more of cause and effect than a constant conjunction of events: poetry is ever

Lucan, Tasso, Spenser, têm freqüentemente ansiado a um objetivo moral e o efeito de sua poesia diminui-se na proporção exata ao grau no qual eles impelem-nos a mencionar tal propósito.

Homero e os poetas cíclicos foram seguidos, em certo intervalo, pelos poetas dramáticos e líricos de Atenas, que floresceram ao mesmo tempo com tudo o que é mais perfeito nas análogas expressões da faculdade poética; a arquitetura, a pintura, a música e a dança, a escultura, a filosofia e, podemos acrescentar, as formas de vida civil. Pois, embora o esquema da sociedade ateniense fosse deformado por muitas imperfeições que a poesia existente na cavalaria e a Cristandade eliminaram dos hábitos e das instruções da Europa moderna; ainda, nunca em qualquer outro período foram tanta energia, beleza e a virtude, desenvolvidas; nunca a força cega e a teimosa forma tão disciplinadas e feitas súditas da vontade do homem, ou, menos repugnante aos ditames do belo e do real, como no século que precedeu a morte de Sócrates. De nenhuma outra época na história de nossa espécie temos registros e fragmentos estampados, tão visivelmente, com a imagem da divindade no homem. Mas é apenas a poesia, na forma, na ação ou na linguagem, que tornou esta época mais memorável do que as outras e o repositório de exemplos para o tempo infinito. Pois a poesia escrita existia, naquela época, simultaneamente às outras artes e é uma vã indagação descobrir quem deu e quem recebeu a luz, pois esta, como de um foco comum, espargiu-se sobre os períodos mais escuros do tempo que se seguiu. Não sabemos mais da causa e efeito do que uma constante conjunção de eventos: a poesia sempre coexistirá com quaisquer outras artes que contribuam à felicidade e à perfeição do homem. Apelo para o que já foi estabelecido para distinguir causa e efeito.

Foi no período aqui mencionado, que o drama teve sua origem; e, embora um escritor precedente possa ter se igualado ou ultrapassado aqueles poucos grandes espécimes do drama ateniense, que nos foram preservados, é indiscutível que a própria arte nunca foi compreendida e praticada de acordo com a sua própria filosofia, como em Atenas. Pois, os atenienses empregaram a linguagem, a ação, a música, a pintura, a dança e as instituições religiosas, para produzir um efeito comum na representação dos mais altos idealismos da paixão e do poder; cada divisão da arte foi aperfeiçoada em seu próprio gênero pelos artistas da mais consumada habilidade e foi disciplinada em uma bela proporção e unidade uma para a outra. Nos palcos modernos, apenas poucos dos elementos capazes de expressar a imagem da concepção do poeta, são empregados por vez. Temos a tragédia sem a música e a dança; e a música e a dança sem as mais superiores interpretações das quais são os adequados acompanhamentos, e ambos sem religião e solenidade. A instituição religiosa foi, de fato, geralmente banida do palco. Nosso sistema, de privar da máscara o rosto do ator, no qual as muitas expressões apropriadas ao seu personagem dramático puderam ser moldadas em uma expressão permanente e imutável, é favorável apenas para um efeito, parcial e inarmônico; serve apenas para o monólogo, onde toda a atenção pode ser direcionada para o grande mestre

found to coexist with whatever other arts contribute to the happiness and perfection of man. I appeal to what has already been established to distinguish between the cause and the effect.

It was at the period here adverted to, that the drama had its birth; and however a succeeding writer may have equalled or surpassed those few great specimens of the Athenian drama which have been preserved to us, it is indisputable that the art itself never was understood or practised according to the true philosophy of it, as at Athens. For the Athenians employed language, action, music, painting, the dance, and religious institutions, to produce a common effect in the representation of the highest idealisms of passion and of power; each division in the art was made perfect in its kind by artists of the most consummate skill, and was disciplined into a beautiful proportion and unity one towards the other. On the modern stage a few only of the elements capable of expressing the image of the poet's conception are employed at once. We have tragedy without music and dancing; and music and dancing without the highest impersonations of which they are the fit accompaniment, and both without religion and solemnity. Religious institution has indeed been usually banished from the stage. Our system of divesting the actor's face of a mask, on which the many expressions appropriated to his dramatic character might be moulded into one permanent and unchanging expression, is favourable only to a partial and inharmonious effect; it is fit for nothing but a monologue, where all the attention may be directed to some great master of ideal mimicry. The modern practice of blending comedy with tragedy, though liable to great abuse in point of practice, is undoubtedly an extension of the dramatic circle; but the comedy should be as in KING LEAR, universal, ideal, and sublime. It is perhaps the intervention of this principle which determines the balance in favour of KING LEAR against the OEDIPUS TYRANNUS or the AGAMEMNON, or, if you will, the trilogies with which they are connected; unless the intense power of the choral poetry, especially that of the latter, should be considered as restoring the equilibrium. KING LEAR, if it can sustain this comparison, may be judged to be the most perfect specimen of the dramatic art existing in the world; in spite of the narrow conditions to which the poet was subjected by the ignorance of the philosophy of the drama which has prevailed in modern Europe. Calderon, in his religious AUTOS, has attempted to fulfil some of the high conditions of dramatic representation neglected by Shakespeare; such as the establishing a relation between the drama and religion and the accommodating them to music and dancing; but he omits the observation of conditions still more important, and more is lost than gained by the substitution of the rigidly-defined and ever-repeated idealisms of a distorted superstition for the living impersonations of the truth of human passion.

But I digress. The connexion of scenic exhibitions with the improvement or corruption of the manners of men, has been universally recognized: in other words, the presence or absence of poetry in its most perfect and universal form, has been found to be connected with good and evil in

da mímica ideal. A prática, moderna, de misturar comédia com tragédia, embora passível de grande abuso no ponto da prática, é, sem dúvida, uma extensão do círculo dramático; mas a comédia deve ser como em REI LEAR, universal, ideal e sublime. É, talvez, a intervenção deste princípio que determina o equilíbrio a favor de REI LEAR contra ÉDIPO TIRANO, ou o AGAMENON, ou, se preferir, as trilogias com as quais estão conectadas; a menos que o poder intenso da poesia jogral, especialmente a da última, deva ser considerada como a restabelecer o equilíbrio. REI LEAR, se puder manter tal comparação, pode ser julgada como a mais perfeita espécie da arte dramática existente no mundo; apesar das limitadas condições às quais o poeta esteve sujeito pela ignorância da filosofia e do drama, que prevalecia na moderna Europa. Calderón, em seus AUTOS religiosos, tentou satisfazer algumas das altas condições da representação dramática negligenciadas por Shakespeare; tais como estabelecendo uma relação entre o drama e a religião e acomodando-as à música e à dança; mas ele omite a observação de condições ainda mais importantes e mais se perde do que se ganha pela substituição dos idealismos rigidamente definidos e constantemente repetidos de uma superstição distorcida pelas vívidas interpretações da verdade da paixão humana.

Mas eu divago. A conexão das exibições cênicas com o aprimoramento, ou a deterioração, das maneiras dos homens, tem sido universalmente reconhecida; em outras palavras, a presença ou a ausência de poesia em sua mais perfeita e universal forma, descobriu-se estar conectada com o bem e o mau na conduta ou no hábito. A corrupção que foi imputada ao drama como um efeito, começa quando o poema empregou os fins em sua constituição: eu apelo para a história das maneiras se os períodos do crescimento de um e do declínio de outro não corresponderam com uma igualdade exata a qualquer exemplo de causa e efeito morais.

O drama em Atenas, ou onde mais tenha chegado próximo da perfeição, sempre coexistiu com a grandeza moral e intelectual de seu tempo. As tragédias dos poetas gregos são como espelhos aos quais o espectador observa a si mesmo, sob um frágil disfarce de circunstância, livre de tudo menos daquela perfeição ideal e energia com que todos sentem ser o tipo interno de tudo o que ele ama, admira e se tornará. A imaginação é expandida por uma simpatia com dores e paixões tão poderosas que eles distendem em sua concepção, a capacidade daquilo pelo que são concebidos; as boas afeições são fortalecidas pela compaixão, indignação, terror e mágoa; e uma calma exaltada é prolongada pela saciedade de tal alto exercício destes no tumulto da vida familiar: mesmo o crime é desarmado de metade de seu horror e do contágio ao ser representado como a conseqüência fatal dos impenetráveis agentes da natureza; o erro é, portanto, despido de sua intenção; os homens já não mais podem acalentá-lo como a criação de sua escolha. Em um drama da mais alta ordem, há pouco com o que alimentar a censura e o ódio; ao contrário, nele se ensina o auto-conhecimento e o respeito próprio. Nem o olho ou a mente podem se ver, a menos que refletidos sobre o que se assemelha a eles. O drama, enquanto continua a expressar a poesia, é como um espelho prismático e

conduct or habit. The corruption which has been imputed to the drama as an effect, begins when the poetry employed in its constitution ends: I appeal to the history of manners whether the periods of the growth of the one and the decline of the other have not corresponded with an exactness equal to any example of moral cause and effect.

The drama at Athens, or wheresoever else it may have approached to its perfection, ever co-existed with the moral and intellectual greatness of the age. The tragedies of the Athenian poets are as mirrors in which the spectator beholds himself, under a thin disguise of circumstance, stript of all but that ideal perfection and energy which every one feels to be the internal type of all that he loves, admires, and would become. The imagination is enlarged by a sympathy with pains and passions so mighty, that they distend in their conception the capacity of that by which they are conceived; the good affections are strengthened by pity, indignation, terror, and sorrow; and an exalted calm is prolonged from the satiety of this high exercise of them into the tumult of familiar life: even crime is disarmed of half its horror and all its contagion by being represented as the fatal consequence of the unfathomable agencies of nature; error is thus divested of its wilfulness; men can no longer cherish it as the creation of their choice. In a drama of the highest order there is little food for censure or hatred; it teaches rather self-knowledge and self-respect. Neither the eye nor the mind can see itself, unless reflected upon that which it resembles. The drama, so long as it continues to express poetry, is as a prismatic and many-sided mirror, which collects the brightest rays of human nature and divides and reproduces them from the simplicity of these elementary forms, and touches them with majesty and beauty, and multiplies all that it reflects, and endows it with the power of propagating its like wherever it may fall. But in periods of the decay of social life, the drama sympathizes with that decay. Tragedy becomes a cold imitation of the form of the great masterpieces of antiquity, divested of all harmonious accompaniment of the kindred arts; and often the very form misunderstood, or a weak attempt to teach certain doctrines, which the writer considers as moral truths; and which are usually no more than specious flatteries of some gross vice or weakness, with which the author, in common with his auditors, are infected. Hence what has been called the classical and domestic drama. Addison's CATO is a specimen of the one; and would it were not superfluous to cite examples of the other! To such purposes poetry cannot be made subservient. Poetry is a sword of lightning, ever unsheathed, which consumes the scabbard that would contain it. And thus we observe that all dramatic writings of this nature are unimaginative in a singular degree; they affect sentiment and passion, which, divested of imagination, are other names for caprice and appetite. The period in our own history of the grossest degradation of the drama is the reign of Charles II, when all forms in which poetry had been accustomed to be expressed became hymns to the triumph of kingly power over liberty and virtue. Milton stood alone illuminating an age unworthy of him.

multifacetado, que coleta os raios mais brilhantes da natureza humana e o divide e o reproduz a partir da simplicidade destas formas elementares, e os toca com majestade e beleza, e multiplica tudo o que reflete, e o dota de poder de propagá-los indiferentemente como se lhes caem.

Mas em períodos de decadência da vida social, o drama solidariza-se com tal decaída. A tragédia torna-se uma fria imitação da forma das grandes obras primas da antiguidade, privada de todos os harmoniosos acompanhamentos das artes congêneres; e, freqüentemente, a própria forma é incompreendida, ou uma fraca tentativa de ensinar certas doutrinas, as quais o escritor considera como verdades morais; e as quais são, geralmente, abundantes bajulações de algum grosso vício ou fraqueza, com as quais o autor, em comum com seus espectadores, estão infectados. Daí o que tem sido chamado de drama clássico e familiar. CATO, de Addison, é um exemplar da primeira; e não seria supérfluo citar exemplos da outra! A tais propósitos a poesia não pode ser subserviente. A poesia é uma espada de relâmpagos, sempre em punho, que consome a bainha que a conteria. E, assim, observamos que todos os escritos dramáticos dessa natureza não são imaginativos em nenhum grau em particular; eles afetam o sentimento e a paixão que, privadas de imaginação, são outros nomes para o capricho e a ânsia. O período, em nossa história, da mais vil degradação do drama é o reino de Carlos II, quando todas as formas nas quais a poesia acostumou-se a ser expressa tornaram-se hinos ao triunfo do poder real sobre a liberdade e a virtude. Milton permaneceu sozinho a iluminar uma época que não o merecia.

Em tais períodos, o princípio calculista permeia todas as formas de exibição dramática e a poesia deixa de ser expressa sobre elas. A comédia perde sua universalidade ideal; a perspicácia segue-se ao humor; rimos da auto-complacência e do triunfo, ao invés do prazer; a maldade, o sarcasmo e o desprezo seguem-se à alegria simpática; dificilmente rimos, mas nós sorrimos. O obsceno, que sempre é a blasfêmia contra a divina beleza na vida, torna-se, a partir do próprio véu que assume, mais ativa se menos asquerosa: é um monstro para o qual a corrupção da sociedade sempre leva mais alimento, que ele devora em segredo.

O drama, sendo aquela forma sob a qual um número maior de modos de expressão da poesia é suscetível de ser combinado como nenhum outro, a conexão da poesia com o bem social é mais observável ali do que em qualquer outra forma. E é indiscutível que a mais alta forma de perfeição da sociedade humana tem sempre se correspondido a mais superior excelência dramática; e que a corrupção ou a extinção do drama em uma nação onde ele uma vez floresceu é uma marca da corrupção das maneiras e uma extinção das energias que mantêm a alma da vida social. Mas, como Maquiavel diz das instituições políticas, que a vida pode ser preservada e renovada, se os homens nascem capazes de trazer o drama de volta aos seus princípios. E isto é verdade com respeito à poesia em seu sentido mais abrangente: toda a linguagem, instituição ou forma, requer não apenas ser produzida, mas ser mantida; o ofício e o caráter de um poeta participam da natureza divina como considera a providência não menos do que criação.

Civil war, the spoils of Asia, and the fatal predominance first of the Macedonian, and then of the Roman arms, were so many symbols of the extinction or suspension of the creative faculty in Greece. The bucolic writers, who found patronage under the lettered tyrants of Sicily and Egypt, were the latest representatives of its most glorious reign. Their poetry is intensely melodious, like the odour of the tuberose, it overcomes and sickens the spirit with excess of sweetness; whilst the poetry of the preceding age was as a meadow-gale of June, which mingles the fragrance all the flowers of the field, and adds a quickening and harmonizing spirit of its own, which endows the sense with a power of sustaining its extreme delight. The bucolic and erotic delicacy in written poetry is correlative with that softness in statuary, music and the kindred arts, and even in manners and institutions, which distinguished the epoch to which I now refer. Nor is it the poetical faculty itself, or any misapplication of it, to which this want of harmony is to be imputed. An equal sensibility to the influence of the senses and the affections is to be found in the writings of Homer and Sophocles: the former, especially, has clothed sensual and pathetic images with irresistible attractions. Their superiority over these succeeding writers consists in the presence of those thoughts which belong to the inner faculties of our nature, not in the absence of those which are connected with the external: their incomparable perfection consists in a harmony of the union of all. It is not what the erotic poets have, but what they have not, in which their imperfection

A guerra civil, a pilhagem da Ásia, e a predominância fatal primeiro dos macedônios, depois das tropas romanas, foram símbolos abundantes da extinção ou da suspensão da faculdade criativa dos gregos. Os bucólicos escritores, que encontraram proteção sob os tiranos esclarecidos da Sicília e do Egito, foram os últimos representantes de seu mais glorioso reino. Sua poesia é intensamente melódica, como o odor da Angélica, ao dominar e envenenar o espírito com o excesso de doçura; enquanto a poesia da era precedente era como o vento das pradarias em junho, a misturar todas as fragrâncias do campo e acrescenta um estimulante e harmônico espírito próprio, que dota o sentido com um poder de manter seu prazer extremo. A delicadeza bucólica e erótica na poesia escrita é correlata com a suavidade na escultura, na música e nas artes congêneres, e mesmo nas maneiras e nas instituições que distinguiram a época a qual agora me refiro. Não é a própria faculdade poética, ou qualquer errônea aplicação dela, a quem a falta de harmonia deve ser imputada. Uma sensibilidade igual à influência dos sentidos e das afeições deve ser encontrada nos escritos de Homero e de Sófocles; o primeiro, especialmente, revestiu de sensuais e patéticas imagens com irresistíveis atrações. Sua superioridade sobre aqueles escritores que os sucederam consiste na presença destes pensamentos, que pertencem às faculdades íntimas de nossa natureza, não na ausência daquelas que estão conectadas às externas: sua incomparável perfeição consiste na harmonia de todas. Não é o que os poetas eróticos têm, mas o que lhes faltam, na qual sua imperfeição consiste. Não é porque são poetas, mas porque não são poetas, que podem ser considerados, com certa plausibilidade, como conectados à corrupção de sua era. Tivesse a corrupção se aproveitado para extinguir, neles, a sensibilidade ao prazer, à paixão e ao cenário natural, que se lhes imputa como imperfeição, o último triunfo do mal teria sido logrado. Pois o fim da corrupção social é o de destruir toda a sensibilidade ao prazer; e, portanto, é a sua corrupção. Começa no núcleo da imaginação e do intelecto, e dali distribui-se como um veneno paralisante, por entre as afeições até a própria ânsia, até se tornar uma massa débil, na qual dificilmente o sentido sobrevive. Na iminência de tal período, a poesia dirige-se sempre àquelas faculdades que são as últimas a serem destruídas, e sua voz é ouvida, como os passos de Astréia[22], partindo do mundo. A poesia sempre transmite todo o prazer que os homens são capazes de receber; é sempre, ainda, o raio de vida; a fonte de tudo o que é belo ou generoso ou real que pode haver em tempos ruins. Será prontamente confessado que, entre os luxuriosos cidadãos de Siracusa e de Alexandria, que se deliciavam com os poemas de Teócrito, eram menos frios, cruéis e sensuais do que os remanescentes de sua tribo. Mas a corrupção deve, extremamente, ter destruído o tecido da sociedade humana antes que a poesia possa sempre sucumbir. Os elos sagrados de tal corrente nunca têm sido totalmente separados, que descendo pelas mentes de muitos homens, se une àquelas grandes mentes, daí, como um magneto, a invisível afluência se irradia, que

---

[22] Astréia, filha de Zeus e Temis, pregava a sabedoria e ensinava aos homens atividades cotidianas necessárias à sobrevivência. Após ver que o mundo não atingira a perfeição que desejava, abandonou-o, e partiu para o céu, em forma de residindo no firmamento em forma de constelação, sendo freqüentemente associada à constelação de Virgem. (N.T.)

effluence is sent forth, which at once connects, animates, and sustains the life of all. It is the faculty which contains within itself the seeds at once of its own and of social renovation. And let us not circumscribe the effects of the bucolic and erotic poetry within the limits of the sensibility of those to whom it was addressed. They may have perceived the beauty of those immortal compositions, simply as fragments and isolated portions: those who are more finely organized, or born in a happier age, may recognize them as episodes to that great poem, which all poets, like the cooperating thoughts of one great mind, have built up since the beginning of the world.

The same revolutions within a narrower sphere had place in ancient Rome; but the actions and forms of its social life never seem to have been perfectly saturated with the poetical element. The Romans appear to have considered the Greeks as the selectest treasuries of the selectest forms of manners and of nature, and to have abstained from creating in measured language, sculpture, music, or architecture, anything which might bear a particular relation to their own condition, whilst it should bear a general one to the universal constitution of the world. But we judge from partial evidence, and we judge perhaps partially Ennius, Varro, Pacuvius, and Accius, all great poets, have been lost. Lucretius is in the highest, and Virgil in a very high sense, a creator. The chosen delicacy of expressions of the latter, are as a mist of light which conceal from us the intense and exceeding truth of his conceptions of nature. Livy is instinct with poetry. Yet

definitivamente conecta, anima e mantém a vida por completo. É a faculdade que contém em si mesma, as sementes definitivas de sua própria e social renovação. E não nos deixemos delimitar os efeitos da poesia bucólica e erótica dentro dos limites da sensibilidade daqueles a quem esta se dirige. Eles podem ter percebido a beleza daquelas composições imortais, simplesmente como fragmentos e partes isoladas: aqueles que mais ricamente organizaram, ou nasceram em uma época mais feliz, podem reconhecê-los como episódios daquele poema maior, que todos os poetas, como os pensamentos colaborativos de uma grande mente, erigiram desde o começo do mundo.

As mesmas revoluções, dentro de uma esfera menor, ocorreram na velha Roma, mas as ações e as formas de sua vida social nunca pareceram ter sido perfeitamente saturadas de elementos poéticos. Os romanos parecem ter considerado os gregos como os mais seletos tesouros das mais seletas formas de maneiras e de natureza, e abstiveram-se de criar em linguagem métrica, na escultura, na música ou na arquitetura, qualquer elemento que possa carregar uma relação particular com a sua própria condição, enquanto carrega uma relação geral com a constituição universal do mundo. Mas julgamos por evidências parciais, e julgamos talvez parcialmente Enio, Varro, Pacóvio e Acio, todos grandes poetas que se perderam. Lucrécio é um dos maiores, e Virgílio, em um sentido elevado, um criador. A escolhida delicadeza das expressões deste último é como uma névoa de luz que nos oculta a intensa e abundante verdade de suas concepções da natureza. Livy é instintivo com a poesia. Ainda

Horácio, Catulo e Ovídio, além de outros geralmente grandes escritores da época de Virgílio, viram o homem e a natureza pelo espelho da Grécia. As instituições também, e a religião de Roma era menos poética do que a da Grécia, como uma sombra é menos vívida do que a substância. Daí que a poesia em Roma parecia seguir, e não acompanhar, a perfeição da sociedade política e doméstica. A real poesia de Roma viveu em suas instituições; pois o que tinham de belo, real e majestoso, poderia apenas ter nascido da faculdade que cria a ordem na qual consistem. A vida de Camilo, a morte de Régulo; a expectativa dos senadores, em seu estado semelhante a um deus, do vitorioso Gauls: a recusa da república em fazer as pazes com Aníbal, depois da batalha de Cannae, não foram as conseqüências de um cálculo sofisticado da provável vantagem pessoal que resultaria de tal ritmo e ordem no decorrer da vida, para aqueles que eram, uma vez, os poetas e os atores daqueles dramas imortais. A imaginação, observando a beleza desta ordem, criou a partir de si mesma, de acordo com a sua própria idéia; a conseqüência foi o império e a recompensa, a fama eterna. Essas coisas não eram menos poesia quid carent vate sacro. Eram os episódios daquele poema cíclico escrito pelo Tempo, sobre as memórias dos homens. O Passado, como um inspirado rapsodo, preenche o teatro de eternas gerações com sua harmonia.

Por fim, o velho sistema de religião e maneiras fechou o ciclo de suas revoluções. E o mundo teria caído em extrema anarquia e escuridão, porém havia poetas entre os autores dos sistemas de costumes e religiões dos cristãos e de cavalaria que criaram formas

Horace, Catullus, Ovid, and generally the other great writers of the Virgilian age, saw man and nature in the mirror of Greece. The institutions also, and the religion of Rome were less poetical than those of Greece, as the shadow is less vivid than the substance. Hence poetry in Rome, seemed to follow, rather than accompany, the perfection of political and domestic society. The true poetry of Rome lived in its institutions; for whatever of beautiful, true, and majestic, they contained, could have sprung only from the faculty which creates the order in which they consist. The life of Camillus, the death of Regulus; the expectation of the senators, in their godlike state, of the victorious Gauls: the refusal of the republic to make peace with Hannibal, after the battle of Cannae, were not the consequences of a refined calculation of the probable personal advantage to result from such a rhythm and order in the shows of life, to those who were at once the poets and the actors of these immortal dramas. The imagination beholding the beauty of this order, created it out of itself according to its own idea; the consequence was empire, and the reward everliving fame. These things are not the less poetry quid carent vate sacro. They are the episodes of that cyclic poem written by Time upon the memories of men. The Past, like an inspired rhapsodist, fills the theatre of everlasting generations with their harmony.

At length the ancient system of religion and manners had fulfilled the circle of its revolutions. And the world would have fallen into utter anarchy and darkness, but that there were found poets among the authors of the Christian and chivalric systems of manners and religion, who created forms of opinion and action never before conceived; which, copied into the imaginations of men, become as generals to the bewildered armies of their thoughts. It is foreign to the present purpose to touch upon the evil produced by these systems: except that we protest, on the ground of the principles already established, that no portion of it can be attributed to the poetry they contain.

It is probable that the poetry of Moses, Job, David, Solomon, and Isaiah, had produced a great effect upon the mind of Jesus and his disciples. The scattered fragments preserved to us by the biographers of this extraordinary person, are all instinct with the most vivid poetry. But his doctrines seem to have been quickly distorted. At a certain period after the prevalence of a system of opinions founded upon those promulgated by him, the three forms into which Plato had distributed the faculties of mind underwent a sort of apotheosis, and became the object of the worship of the civilized world. Here it is to be confessed that 'Light seems to thicken,' and

The crow makes wing to the rooky wood,
Good things of day begin to droop and
[drowse,
And night's black agents to their preys
[do rouze.

But mark how beautiful an order has sprung from the dust and blood of this fierce chaos! how the world, as from a resurrection, balancing itself on the golden wings of knowledge and of hope, has reassumed its yet unwearied flight into the heaven of time. Listen to the

de opinião e ação nunca antes concebidas; que, copiadas para a imaginação dos homens, tornaram-se como generais para as desnorteadas tropas de seus pensamentos. É alheio ao presente propósito mencionar o mal causado por tais sistemas; exceto que protestamos, com base nos princípios já estabelecidos, que nenhuma parte disso pode ser atribuída à poesia que estes sistemas contêm.

É provável que a poesia de Moisés, Jó, Davi, Salomão e Isaías produziu um grande efeito sobre a mente de Jesus e de seus discípulos. Os fragmentos espargidos que nos foram preservados pelos biógrafos desta excelente pessoa estão todos imbuídos da mais vívida poesia. Mas suas doutrinas parecem ter sido rapidamente distorcidas. Em certo período depois da prevalência de um sistema de opiniões fundamentadas sobre aquelas promulgadas por ele, as três formas com que Platão distribuiu as faculdades da mente sofreram um tipo de apoteose e tornaram-se objeto de culto do mundo civilizado. Aqui deve ser confessado que a 'Luz parece tornar-se espessa', e

O corvo estende suas asas em direção ao
[bosque sombrio,
As coisas boas do dia começam a baixar
[e a adormecer,
E os negros agentes da noite para suas
[presas se levantam [23]

Mas observe quão bela uma ordem origina-se do pó e do sangue deste caos aterrador! como o mundo, como se da ressurreição, equilibrando-se nas douradas asas do conhecimento e da esperança, reassumiu seu vôo ainda descansado para o paraíso do tempo.

---

[23] William Shakespeare: Macbeth, Ato 3, cena 2 (N.T.)

Ouça a música, inaudita para ouvidos corpóreos, que é como uma asa ininterrupta e invisível, nutrindo seu eterno destino com força e velocidade.

A poesia, nas doutrinas de Jesus Cristo, e a mitologia e as instituições dos conquistadores celtas do Império Romano, sobreviveram à escuridão e às convulsões conectadas ao seu crescimento e sua vitória, e se misturaram em um novo tecido de maneiras e opinião. É um erro atribuir a ignorância da Idade Média às doutrinas cristãs ou à predominância das nações celtas. Seja qual for o mal que seus agentes poderiam conter, foram originadas pela extinção do princípio poético, conectado ao progresso do despotismo e da superstição. O homem, por causas muito complicadas para aqui serem discutidas, tornou-se insensível e egoísta; sua própria vontade acabou débil, e ainda eram seus escravos, e daí os escravos da vontade dos outros: lascívia, medo, avareza, crueldade e a fraude caracterizaram uma raça na qual ninguém era capaz de CRIAR, em forma, linguagem ou instituição. As anomalias morais de tal estado social não deveriam justamente ser atribuídas a qualquer classe de eventos imediatamente conectados a elas e tais eventos têm mais direitos a conquistar nossa aprovação que poderia dissolvê-la mais rapidamente. É um infortúnio, para aqueles que não podem distinguir palavras de pensamentos, que muitas destas anomalias têm sido incorporadas à nossa religião popular.

Não foi até o século XI que os efeitos da poesia cristã e dos sistemas de cavalaria começaram a se manifestar. O princípio de igualdade foi descoberto e aplicado por Platão em sua "República",

and applied by Plato in his Republic, as the theoretical rule of the mode in which the materials of pleasure and of power, produced by the common skill and labour of human beings, ought to be distributed among them. The limitations of this rule were asserted by him to be determined only by the sensibility of each, or the utility to result to all. Plato, following the doctrines of Timaeus and Pythagoras, taught also a moral and intellectual system of doctrine, comprehending at once the past, the present, and the future condition of man. Jesus Christ divulged the sacred and eternal truths contained in these views to mankind, and Christianity, in its abstract purity, became the exoteric expression of the esoteric doctrines of the poetry and wisdom of antiquity. The incorporation of the Celtic nations with the exhausted population of the south, impressed upon it the figure of the poetry existing in their mythology and institutions. The result was a sum of the action and reaction of all the causes included in it; for it may be assumed as a maxim that no nation or religion can supersede any other without incorporating into itself a portion of that which it supersedes. The abolition of personal and domestic slavery, and the emancipation of women from a great part of the degrading restraints of antiquity, were among the consequences of these events.

The abolition of personal slavery is the basis of the highest political hope that it can enter into the mind of man to conceive. The freedom of women produced the poetry of sexual love. Love became a religion, the idols of whose worship were ever present. It was as if the statues of Apollo and the

tivessem sido dotadas de vida e movimento, e caminhado adiante entre seus fiéis; e a terra tivesse sido povoada pelos habitantes de um mundo mais divino. A aparência familiar e os hábitos da vida tornaram-se maravilhosos e celestiais, e um paraíso construiu-se das ruínas do Éden. E como esta criação é poesia em si mesma, então seus criadores eram poetas; e a linguagem, o instrumento de sua arte: 'Galeotto fu il libro, e chi lo scrisse'[24]. Os Trovadores Provençais, ou inventores, precederam a Petrarca, cujos versos eram como encantos, que desvelam as íntimas fontes encantadas do prazer que está na aflição do amor. É impossível senti-las sem se tornar uma parte daquela beleza que nós contemplamos: seria desnecessário explicar como a amabilidade e a elevação da mente, conectadas àquelas emoções sagradas, podem fazer os homens mais amigáveis, mais generosos e sábios, e erguê-los dos entorpecentes vapores do pequeno mundo de cada um. Dante compreendeu os secretos objetos do amor inclusive mais do que Petrarca. Sua "Vita Nuova" é uma fonte inexaurível de pureza e de sentimento e de linguagem: é a história idealizada daquele período, e daqueles intervalos de sua vida que foram dedicados ao amor. Sua apoteose de Beatriz no Paraíso e as graduações de seu próprio amor e dos encantos dela, pela qual ele finge subir, como degraus, ao trono da Causa Suprema, é a mais gloriosa imaginação da poesia moderna. Os críticos mais precisos, justamente, reverteram o julgamento do vulgar e da ordem dos grandes atos do "Drama Divino", à medida da admiração com que

Muses had been endowed with life and motion, and had walked forth among their worshippers; so that earth became peopled by the inhabitants of a diviner world. The familiar appearance and proceedings of life became wonderful and heavenly, and a paradise was created as out of the wrecks of Eden. And as this creation itself is poetry, so its creators were poets; and language was the instrument of their art: 'Galeotto fu il libro, e chi lo scrisse.' The Provencal Trouveurs, or inventors, preceded Petrarch, whose verses are as spells, which unseal the inmost enchanted fountains of the delight which is in the grief of love. It is impossible to feel them without becoming a portion of that beauty which we contemplate: it were superfluous to explain how the gentleness and the elevation of mind connected with these sacred emotions can render men more amiable, more generous and wise, and lift them out of the dull vapours of the little world of self. Dante understood the secret things of love even more than Petrarch. His Vita Nuova is an inexhaustible fountain of purity of sentiment and language: it is the idealized history of that period, and those intervals of his life which were dedicated to love. His apotheosis of Beatrice in Paradise, and the gradations of his own love and her loveliness, by which as by steps he feigns himself to have ascended to the throne of the Supreme Cause, is the most glorious imagination of modern poetry. The acutest critics have justly reversed the judgement of the vulgar, and the order of the great acts of the 'Divine Drama',

---

[24] Dante Alighieri (1265-1321): "A Divina Comédia", Inferno, canto V, vv. 127-138, no episódio onde se descreve os amores de Paolo e Francesca (N.T.)

in the measure of the admiration which they accord to the Hell, Purgatory, and Paradise. The latter is a perpetual hymn of everlasting love. Love, which found a worthy poet in Plato alone of all the ancients, has been celebrated by a chorus of the greatest writers of the renovated world; and the music has penetrated the caverns of society, and its echoes still drown the dissonance of arms and superstition. At successive intervals, Ariosto, Tasso, Shakespeare, Spenser, Calderon, Rousseau, and the great writers of our own age, have celebrated the dominion of love, planting as it were trophies in the human mind of that sublimest victory over sensuality and force. The true relation borne to each other by the sexes into which human kind is distributed, has become less misunderstood; and if the error which confounded diversity with inequality of the powers of the two sexes has been partially recognized in the opinions and institutions of modern Europe, we owe this great benefit to the worship of which chivalry was the law, and poets the prophets.

The poetry of Dante may be considered as the bridge thrown over the stream of time, which unites the modern and ancient world. The distorted notions of invisible things which Dante and his rival Milton have idealized, are merely the mask and the mantle in which these great poets walk through eternity enveloped and disguised. It is a difficult question to determine how far they were conscious of the distinction which must have subsisted in their minds between their own creeds and that of the people. Dante at least appears to wish to mark the full extent of it by placing

concordam com o Inferno, o Purgatório e o Paraíso. O último é um hino perpétuo do amor eterno. O amor, que encontrou um poeta valioso apenas em Platão, entre todos os antigos, tem sido celebrado por um coro dos maiores escritores do mundo renovado; e a música penetrou as cavernas da sociedade e seus ecos ainda arrastam a dissonância de armas e superstição. Em sucessivos intervalos, Ariosto, Tasso, Shakespeare, Spenser, Calderón e Rousseau, e os grandes escritores de nosso próprio tempo, celebraram o domínio do amor, cultivando-o como troféus na mente humana daquela mais sublime vitória sobre a sensualidade e a força. A verdadeira relação carregada entre si pelos sexos nos quais a raça humana é distribuída, tornou-se menos incompreendida; e, se o erro que confundia diversidade com desigualdade de poderes dos dois sexos foi, parcialmente, reconhecido nas opiniões e nas instituições da moderna Europa, devemos este grande benefício ao culto do que a cavalaria era a lei, e os poetas, seus profetas.

A poesia de Dante pode ser considerada como uma ponte lançada entre o fluxo do tempo, que une o moderno ao velho mundo. As distorcidas noções das coisas invisíveis, que Dante e seu rival, Milton, idealizaram, são apenas a máscara e o manto com os quais estes grandes poetas caminham pela eternidade, cobertos e disfarçados. É uma questão difícil determinar o quanto estes estavam conscientes da distinção que deveria subsistir em suas mentes, entre seus próprios credos e aqueles do povo. Dante, pelo menos, parece desejar marcar toda a sua extensão ao colocar

Rifeu[25], a quem Virgílio chama de "justissimns unus", no Paraíso e ao observar um capricho mais herético na sua distribuição de recompensas e punições. E o poema de Milton contém, em si mesmo, uma refutação filosófica daquele sistema, do qual, por uma antítese estranha e natural, tem sido um grande apoiador popular. Nada pode superar a energia e a magnificência do caráter de Satã, como expresso no "Paraíso Perdido". É um erro supor que ele sempre quis fazê-lo uma personificação popular do mal. O ódio implacável, a astúcia paciente e um incansável refinamento do dispositivo para impingir a mais extrema angústia ao inimigo, estas coisas são más; e, embora tolerável em um escravo, não devem ser perdoadas em um tirano; embora redimida pelo tanto que enobrece sua derrota, em alguém subjugado, são marcadas por tudo o que desonra sua conquista em uma vitória. O Demônio de Milton, como um ser moral, é bem superior ao seu Deus, como alguém que persiste em algum propósito que se concebeu como excelente, apesar da adversidade e da tortura, em relação a outro que, na fria segurança de sua vitória assegurada, inflige a mais horrível vingança sobre seu inimigo, não por alguma equivocada noção de levá-lo a se arrepender por continuar a inimizade, mas com o desígnio esclarecido de exasperá-lo como a merecer novos tormentos. Milton violou tanto o credo popular (se isso deve ser julgado como violação) como por ter alegado nenhuma superioridade de virtude moral ao seu Deus sobre seu Demônio. E esta corajosa recusa de um propósito de moral direta é a mais

Riphaeus, whom Virgil calls justissimns unus, in Paradise, and observing a most heretical caprice in his distribution of rewards and punishments. And Milton's poem contains within itself a philosophical refutation of that system, of which by a strange and natural antithesis, it has been a chief popular support. Nothing can exceed the energy and magnificence of the character of Satan as expressed in Paradise Lost. It is a mistake to suppose that he could ever have been intended for the popular personification of evil. Implacable hate, patient cunning, and a sleepless refinement of device to inflict the extremest anguish on an enemy, these things are evil; and, although venial in a slave are not to be forgiven in a tyrant; although redeemed by much that ennobles his defeat in one subdued, are marked by all that dishonours his conquest in the victor. Milton's Devil as a moral being is as far superior to his God, as one who perseveres in some purpose which he has conceived to be excellent in spite of adversity and torture, is to one who in the cold security of undoubted triumph inflicts the most horrible revenge upon his enemy, not from any mistaken notion of inducing him to repent of a perseverance in enmity, but with the alleged design of exasperating him to deserve new torments. Milton has so far violated the popular creed (if this shall be judged to be a violation) as to have alleged no superiority of moral virtue to his God over his Devil. And this bold neglect of a direct moral purpose is the most decisive proof of the supremacy of Milton's genius. He

---

[25] *Rifeu Troiano*, personagem da "Eneida", de Virgílio. Companheiro de Enéias, homem justo e honesto morreu combatendo pela sua pátria. (N.T.)

mingled as it were the elements of human nature as colours upon a single pallet, and arranged them in the composition of his great picture according to the laws of epic truth; that is, according to the laws of that principle by which a series of actions of the external universe and of intelligent and ethical beings is calculated to excite the sympathy of succeeding generations of mankind. The Divina Commedia and Paradise Lost have conferred upon modern mythology a systematic form; and when change and time shall have added one more superstition to the mass of those which have arisen and decayed upon the earth, commentators will be learnedly employed in elucidating the religion of ancestral Europe, only not utterly forgotten because it will have been stamped with the eternity of genius.

Homer was the first and Dante the second epic poet: that is, the second poet, the series of whose creations bore a defined and intelligible relation to the knowledge and sentiment and religion of the age in which he lived, and of the ages which followed it: developing itself in correspondence with their development. For Lucretius had limed the wings of his swift spirit in the dregs of the sensible world; and Virgil, with a modesty that ill became his genius, had affected the fame of an imitator, even whilst he created anew all that he copied; and none among the flock of mock-birds, though their notes were sweet, Apollonius Rhodius, Quintus Calaber, Nonnus, Lucan, Statius, or Claudian, have sought even to fulfil a single condition of epic truth. Milton was the third epic poet. For if the title of epic in its highest sense be

conclusiva prova da supremacia do gênio de Milton. Ele mesclou os elementos da natureza humana como se fossem cores em uma única paleta e as dispôs na composição de seu grande quadro de acordo com as leis da verdade épica; ou seja, de acordo com as leis daquele princípio pelo qual uma série de ações do universo externo e dos seres inteligentes e éticos é calculada para levantar a simpatia das sucessivas gerações da humanidade. A "Divina Comédia" e o "Paraíso Perdido" conferiram uma forma sistemática à moderna mitologia; e, quando a mudança e o tempo tiverem adicionado mais uma superstição à massa das quais se ergueram e caíram sobre a terra, os comentaristas serão sabidamente empregados em elucidar a religião da ancestral Europa, não apenas extremamente esquecida porque terá se estampado a eternidade do gênio.

Homero foi o primeiro, e Dante, o segundo poeta épico: ou seja, o segundo poeta, a série de suas criações trazia uma relação definida e inteligível com o conhecimento e o sentimento, e com a religião da época em que viveu, e das épocas que se seguiram: desenvol-vendo a si mesma em correspondência ao desenvolvimento dos tempos. Pois Lucrécio limou as asas de seu veloz espírito nos refugos do mundo sensível; e Virgílio, com a modéstia que deturpou seu gênio, assumiu a fama de imitador, mesmo embora ele recriasse tudo o que copiou; e ninguém, entre a revoada dos pássaros-das-cem-línguas, embora suas notas fossem doces, Apolônio de Rodes, Quinto de Esmirna, Nono de Panópolis, Lucan, Estácio ou Cláudio buscaram mesmo satisfazer uma única condição da verdade épica. Milton foi o terceiro poeta épico. Pois, se o título de épico, em seu senso mais superior, possa ser negado à Eneida, ainda menos pode ser concedido a Orlando Furioso, a Jerusalém Libertada, aos Lusíadas ou à Rainha das Fadas[26].

Dante e Milton foram, ambos, profundamente influenciados pela velha religião do mundo civilizado; e seu espírito existe em sua poesia, provavelmente na mesma proporção em que suas formas sobreviveram no culto não reformado da moderna Europa. O primeiro precedeu e o segundo seguiu a Reforma em intervalos quase idênticos. Dante foi o primeiro reformador religioso e Lutero superou-o tanto em rudeza e acrimônia quanto na coragem de suas censuras sobre a usurpação papal. Dante foi o primeiro a despertar a Europa hipnotizada; ele criou uma linguagem, em si mesma musical e persuasiva, de um caos de desarmônicos barbarismos. Ele foi o agregador daqueles grandes espíritos que comandaram a ressurreição do aprendizado; o Lúcifer daquele estrelado rebanho que brilhou, no século XIII, a partir da Itália republicana, como se do céu, pela escuridão do mundo obscurecido. Suas próprias palavras eram cheias de espírito; cada uma era como uma centelha, um átomo incandescente de inexaurível pensamento; e muitas ainda permanecem cobertas pelas cinzas de seu nascimento e prenhes de relâmpagos que ainda não encontraram um condutor. Toda a alta poesia é infinita; é como a primeira noz do carvalho, que contém todos os carvalhos em potencial. Pode-se retirar véu após véu e a desnuda beleza íntima do significado nunca se expõe. Um grande poema é uma fonte, sempre a jorrar as águas da sabedoria e do prazer; e, depois

refused to the Aeneid, still less can it be conceded to the Orlando Furioso, the Gerusalemme Liberata, the Lusiad, or the Fairy Queen.

Dante and Milton were both deeply penetrated with the ancient religion of the civilized world; and its spirit exists in their poetry probably in the same proportion as its forms survived in the unreformed worship of modern Europe. The one preceded and the other followed the Reformation at almost equal intervals. Dante was the first religious reformer, and Luther surpassed him rather in the rudeness and acrimony, than in the boldness of his censures of papal usurpation. Dante was the first awakener of entranced Europe; he created a language, in itself music and persuasion, out of a chaos of inharmonious barbarisms. He was the congregator of those great spirits who presided over the resurrection of learning; the Lucifer of that starry flock which in the thirteenth century shone forth from republican Italy, as from a heaven, into the darkness of the benighted world. His very words are instinct with spirit; each is as a spark, a burning atom of inextinguishable thought; and many yet lie covered in the ashes of their birth, and pregnant with a lightning which has yet found no conductor. All high poetry is infinite; it is as the first acorn, which contained all oaks potentially. Veil after veil may be undrawn, and the inmost naked beauty of the meaning never exposed. A great poem is a fountain for ever overflowing with the waters of wisdom

[26] "Orlando Furioso", poema épico de autoria de Ludovico Ariosto (1474-1533); "A Jerusalém Libertada", poema épico de autoria de Torquato Tasso (1544-1595); "Os Lusíadas", poema épico de autoria de Luís de Camões (1524-1580); "A Rainha das Fadas", ópera de autoria de Henry Purcell (1659-1695), baseada na peça "Sonhos de uma Noite de Verão", de Shakespeare. (N.T.)

and delight; and after one person and one age has exhausted all its divine effluence which their peculiar relations enable them to share, another and yet another succeeds, and new relations are ever developed, the source of an unforeseen and an unconceived delight. The age immediately succeeding to that of Dante, Petrarch, and Boccaccio, was characterized by a revival of painting, sculpture, and architecture. Chaucer caught the sacred inspiration, and the superstructure of English literature is based upon the materials of Italian invention.

But let us not be betrayed from a defence into a critical history of poetry and its influence on society. Be it enough to have pointed out the effects of poets, in the large and true sense of the word, upon their own and all succeeding times.

But poets have been challenged to resign the civic crown to reasoners and mechanists, on another plea. It is admitted that the exercise of the imagination is most delightful, but it is alleged that that of reason is more useful. Let us examine as the grounds of this distinction, what is here meant by utility. Pleasure or good, in a general sense, is that which the consciousness of a sensitive and intelligent being seeks, and in which, when found, it acquiesces. There are two kinds of pleasure, one durable, universal and permanent; the other transitory and particular. Utility may either express the means of producing the former or the latter. In the former sense, whatever strengthens and purifies the affections, enlarges the imagination, and adds spirit to sense, is useful. But a narrower meaning may be assigned to the word

de que uma pessoa e uma época exaurem toda a sua divina efluência, que suas peculiares relações os capacitam a compartilhar, outro e ainda outro seguem-se, e novas relações são constantemente desenvolvidas, a fonte de um prazer inconcebível, nunca antes visto.

A época que se seguiu imediatamente à aquela de Dante, de Petrarca e de Boccaccio foi caracterizada por um reavivamento da pintura, da escultura e da arquitetura. Chaucer capturou a sagrada inspiração e a superestrutura da literatura inglesa é baseada nos materiais de invenção italiana.

Mas não nos traiamos em uma defesa da história crítica da poesia e sua influência na sociedade. Que nos seja suficiente apontar os efeitos dos poetas, no amplo e verdadeiro sentido da palavra, sobre o seu próprio tempo, e sobre os posteriores.

Mas os poetas têm sido desafiados a renunciar da coroa civil aos pensadores e mecânicos, em outro argumento. Admite-se que o exercício da imaginação é o mais prazeroso, mas alega-se que o exercício da razão é mais útil. Examinemos a base desta distinção, que aqui quer dizer utilidade. Prazer ou bem, em um senso comum, é o que a consciência de um ser sensível e inteligente busca e no qual, quando o encontra, aquiesce-se. Há dois tipos de prazer, um durável, universal e permanente; o outro, transitório e particular. A utilidade pode tanto expressar os meios de produzir o primeiro ou o último. No sentido do primeiro, o que fortalece e purifica as afeições, expande a imaginação e adiciona espírito ao sentido, é útil. Mas um significado mais restrito pode ser atribuído à palavra utilidade, confinando-a a expressar aquilo que extingue a inconveniência das necessidades de nossa natureza animal, que cerca os homens com a segurança da vida, que dispersa as vãs ilusões da superstição e que concilia tal degrau de tolerância mútua entre os homens com os motivos de benefício pessoal.

Sem dúvida, os promotores da utilidade, neste sentido limitado, têm seu trabalho atribuído na sociedade. Eles seguem as pegadas dos poetas e copiam os esboços de suas criações no livro da vida comum. Eles abrem espaço e dão o tempo. Seus esforços são do maior valor, enquanto limitam a administração da preocupação dos poderes inferiores de nossa natureza dentro das fronteiras com respeito aos poderes superiores. Mas, enquanto o cético destrói as vãs superstições, o poupemos de desfigurar, como alguns dos escritores franceses fizeram, as verdades eternas caracterizadas sobre as imaginações dos homens. Enquanto o mecanicista abrevia e o economista político combina o trabalho, alertemos que suas especulações, pela falta de correspondência com aqueles primeiros princípios que pertencem à imaginação, não tendam, como têm acontecido na moderna Inglaterra, a exasperar totalmente os extremos da luxúria e da necessidade. Eles parecem ter exemplificado o dito, 'Àquele que tem, mais deve ser dado; e daquele que não tem, o pouco que tem deve ser tirado'. O rico torna-se mais rico, o pobre, mais pobre; e o navio do estado navega sobre Cila e Caríbdis[27] da anarquia e do despotismo. Tais são os efeitos que

utility, confining it to express that which banishes the importunity of the wants of our animal nature, the surrounding men with security of life, the dispersing the grosser delusions of superstition, and the conciliating such a degree of mutual forbearance among men as may consist with the motives of personal advantage.

Undoubtedly the promoters of utility, in this limited sense, have their appointed office in society. They follow the footsteps of poets, and copy the sketches of their creations into the book of common life. They make space, and give time. Their exertions are of the highest value, so long as they confine their administration of the concerns of the inferior powers of our nature within the limits due to the superior ones. But whilst the sceptic destroys gross superstitions, let him spare to deface, as some of the French writers have defaced, the eternal truths charactered upon the imaginations of men. Whilst the mechanist abridges, and the political economist combines labour, let them beware that their speculations, for want of correspondence with those first principles which belong to the imagination, do not tend, as they have in modern England, to exasperate at once the extremes of luxury and want. They have exemplified the saying, 'To him that hath, more shall be given; and from him that hath not, the little that he hath shall be taken away.' The rich have become richer, and the poor have become poorer; and the vessel of the state is driven between the Scylla and Charybdis of anarchy and despotism. Such are the effects which must ever

---

[27] Cila e Caríbdis são monstros marinhos da mitologia greco-romana que habitavam em estreitos do mar, o primeiro junto aos rochedos e o segundo na forma de um turbilhão. Costumeiramente são associados ao Estreito de Messina que separa a Itália da Sicília. (N.T.)

flow from an unmitigated exercise of the calculating faculty.

It is difficult to define pleasure in its highest sense; the definition involving a number of apparent paradoxes. For, from an inexplicable defect of harmony in the constitution of human nature, the pain of the inferior is frequently connected with the pleasures of the superior portions of our being. Sorrow, terror, anguish, despair itself, are often the chosen expressions of an approximation to the highest good. Our sympathy in tragic fiction depends on this principle; tragedy delights by affording a shadow of the pleasure which exists in pain. This is the source also of the melancholy which is inseparable from the sweetest melody. The pleasure that is in sorrow is sweeter than the pleasure of pleasure itself. And hence the saying, 'It is better to go to the house of mourning, than to the house of mirth.' Not that this highest species of pleasure is necessarily linked with pain. The delight of love and friendship, the ecstasy of the admiration of nature, the joy of the perception and still more of the creation of poetry, is often wholly unalloyed.

The production and assurance of pleasure in this highest sense is true utility. Those who produce and preserve this pleasure are poets or poetical philosophers.

The exertions of Locke, Hume, Gibbon, Voltaire, Rousseau*, and their disciples, in favour of oppressed and deluded humanity, are entitled to the gratitude of mankind. Yet it is easy to calculate the degree of moral and

---

* Although Rousseau has been thus classed, he was essentially a poet. The others, even Voltaire, were mere reasoners.

sempre devem fluir de um esforço incontido da faculdade de calcular.

É difícil definir o prazer em seu sentido mais elevado; a definição envolve um sem número de aparentes paradoxos. Pois, por um defeito inexplicável de harmonia na constituição da natureza humana, a dor das porções inferiores de nosso ser freqüentemente conecta-se ao prazer das superiores. A mágoa, o terror, a angústia e o próprio desespero são, constantemente, as expressões escolhidas de uma aproximação com o bem maior. Nossa simpatia com a ficção trágica depende desse princípio; a tragédia delicia ao proporcionar uma sombra do prazer que existe na dor. Esta também é a fonte da melancolia, que é inseparável da mais doce melodia. O prazer que está na mágoa é mais doce do que o prazer do próprio prazer. E, daí, o dito, 'É melhor ir à casa da lamentação do que à casa da alegria'. Não que a espécie mais superior do prazer esteja, necessariamente, ligada à dor. A delícia do amor e da amizade, o êxtase da admiração da natureza, a alegria da percepção e, ainda mais, da criação da poesia, é, com freqüência, puro por completo.

A produção e a garantia do prazer neste sentido superior é a verdadeira utilidade. Aqueles que produzem e preservam esse prazer são poetas ou filósofos poéticos.

Os esforços de Locke, Hume, Gibbon, Voltaire e Rousseau[28], e seus discípulos, em favor de uma humanidade oprimida e iludida, merecem a gratidão dos homens. Ainda, é fácil calcular o grau do aprimoramento moral e intelectual

---

[28] Embora Rousseau esteja assim classificado, ele era essencialmente um poeta. Os demais, mesmo Voltaire, eram meros pensadores.

que o mundo teria exibido, se estes não tivessem vivido. Um pouco mais de besteiras teriam sido ditas por um século ou dois; e talvez, alguns poucos homens, mulheres e crianças, queimadas como heréticas. Não podemos, neste momento, congratular-nos com a abolição da Inquisição na Espanha. Mas, excederia toda a imaginação conceber qual teria sido a condição moral do mundo se nem Dante, Petrarca, Boccaccio, Chaucer, Shakespeare, Calderón, Lorde Bacon e Milton tivessem existido; se Rafael e Michelangelo não tivessem nascido; se a poesia hebraica nunca tivesse sido traduzida; se um renascimento do estudo sobre a literatura grega não houvesse ocorrido; se nenhum monumento das velhas esculturas não nos tivesse sido legadas; e se a poesia da religião do mundo antigo não tivesse se exaurido, junto com suas crenças. A mente humana nunca poderia, exceto pela intervenção de tais excitamentos, ter sido despertada para a invenção de ciências vãs e a aplicação do pensamento analítico sobre as aberrações da sociedade, que agora se tenta louvar sobre a expressão direta da própria faculdade inventiva e criativa.

Temos sabedoria moral, política e histórica, mais do que sabemos reduzir à prática; temos mais conhecimentos científicos e econômicos do que se pode acomodar à justa distribuição do produto que a multiplica. A poesia, nesses sistemas de pensamento, está oculta pelo acúmulo de fatos e processos de cálculos. Não há falta de conhecimento relativo ao que é mais sábio e melhor na moral, no governo e na economia política, ou pelo menos, sobre o que é mais sábio e melhor do que os homens agora praticam e toleram. Mas nos permitimos

intellectual improvement which the world would have exhibited, had they never lived. A little more nonsense would have been talked for a century or two; and perhaps a few more men, women, and children, burnt as heretics. We might not at this moment have been congratulating each other on the abolition of the Inquisition in Spain. But it exceeds all imagination to conceive what would have been the moral condition of the world if neither Dante, Petrarch, Boccaccio, Chaucer, Shakespeare, Calderon, Lord Bacon, nor Milton, had ever existed; if Raphael and Michael Angelo had never been born; if the Hebrew poetry had never been translated; if a revival of the study of Greek literature had never taken place; if no monuments of ancient sculpture had been handed down to us; and if the poetry of the religion of the ancient world had been extinguished together with its belief. The human mind could never, except by the intervention of these excitements, have been awakened to the invention of the grosser sciences, and that application of analytical reasoning to the aberrations of society, which it is now attempted to exalt over the direct expression of the inventive and creative faculty itself.

We have more moral, political and historical wisdom, than we know how to reduce into practice; we have more scientific and economical knowledge than can be accommodated to the just distribution of the produce which it multiplies. The poetry in these systems of thought, is concealed by the accumulation of facts and calculating processes. There is no want of knowledge respecting what is wisest and best in morals, government, and political economy, or at least, what is wiser and better than what men now practise and endure. But we let 'I DARE NOT wait upon I WOULD, like the poor cat in the adage.' We want the creative faculty to imagine that which we know; we want the generous impulse to act that which we imagine; we want the poetry of life: our calculations have outrun conception; we have eaten more than we can digest. The cultivation of those sciences which have enlarged the limits of the empire of man over the external world, has, for want of the poetical faculty, proportionally circumscribed those of the internal world; and man, having enslaved the elements, remains himself a slave. To what but a cultivation of the mechanical arts in a degree disproportioned to the presence of the creative faculty, which is the basis of all knowledge, is to be attributed the abuse of all invention for abridging and combining labour, to the exasperation of the inequality of mankind? From what other cause has it arisen that the discoveries which should have lightened, have added a weight to the curse imposed on Adam? Poetry, and the principle of Self, of which money is the visible, incarnation, are the God and Mammon of the world.

The functions of the poetical faculty are two-fold; by one it creates new materials of knowledge and power and pleasure; by the other it engenders in the mind a desire to reproduce and arrange them according to a certain rhythm and order which may be called the beautiful and the good. The cultivation of poetry is never more to be desired than at periods when, from an excess of the selfish and calculating principle, the accumulation of the

'EU NÃO OUSO esperar sobre o que EU DEVERIA, como o pobre gato no adágio'[29]. Queremos que a faculdade criativa imagine aquilo que sabemos; queremos que o impulso generoso aja sobre o que imaginamos; queremos a poesia da vida: nossos cálculos escaparam do conceito; comemos mais do que podemos digerir. O cultivo de tais ciências que expandiram os limites do império do homem sobre o mundo externo tem, por falta da faculdade poética, circunscrito proporcionalmente aqueles do mundo interno; e o homem, tendo escravizado a natureza, permanece, ele mesmo, um escravo. A que, além do cultivo das artes mecânicas em um grau desproporcional à presença da faculdade criativa, que é a base de todo conhecimento, deve ser atribuído o abuso de toda a invenção por resumir e combinar o trabalho, à exasperação da desigualdade dos homens? De qual outra causa ergueram-se as descobertas que deveriam ter iluminado, porém adicionaram mais peso à maldição imposta sobre Adão? A poesia, e o princípio de Si, do qual o dinheiro é a encarnação visível, são o Deus e o Mammon[30] do mundo.

As funções da faculdade poética desdobram-se em duas: por uma, cria novos materiais de conhecimento e de poder e, pela outra, engendra na mente um desejo de reproduzir e as dispor de acordo com certo ritmo e ordem, que podem ser chamadas de beleza e de bem. O cultivo da poesia nunca deve ser mais desejado do que em períodos quando, de um excesso de princípio egoísta e calculista, a acumulação de materiais da vida externa excedem a quantidade de

---

[29] William Shakespeare: Macbeth, Ato 1, cena 7 (N.T.)

[30] Mammon é o ídolo pagão citado no Novo Testamento para descrever o culto a riqueza, a avareza e o ganho material. É também o representante de um dos sete pecados capitais, logicamente a 'avareza'. (N.T.)

poder capaz de assimilá-los às leis internas da natureza humana. O corpo, então, torna-se demasiado desajeitado para aquele que o dá vida.

A poesia é, com efeito, algo divino. É, de uma só vez, o centro e a circunferência do conhecimento; é aquela que compreende toda a ciência, e àquela que toda ciência deve se referir. É, ao mesmo tempo, a raiz e a flor de todos os outros sistemas de pensamento; é dela que tudo nasce e a que adorna a tudo; e aquela que, se enferrujada, nega o fruto e a semente, e retém, do mundo estéril, o alimento e a sucessão de mudas da árvore da vida. É a perfeita e consumada superfície e florescência de todas as coisas; é como o odor e a cor da rosa para a textura dos elementos que a compõem, como a forma e o esplendor da beleza inalterada para os segredos da anatomia e corrupção. O que seria a virtude, o amor, o patriotismo, a amizade – o que seria o cenário deste belo universo que habitamos; o que seriam nossos consolos deste lado da tumba – e o que seriam nossas aspirações além dele, se a poesia não ascendesse para trazer luz e fogo destas eternas regiões onde faculdade alada como uma coruja do cálculo não ousasse sequer planar? A poesia não é como o raciocínio, um poder a ser exercido de acordo com a determinação do arbítrio. Um homem não poderia dizer, "Irei compor poesia". Mesmo o maior poeta não poderia dizê-lo; pois a mente, na criação, é como o carvão sendo consumido, ao qual alguma invisível influência, como um vento inconstante, desperta ao brilho temporário; este poder surge de dentro, como a cor de uma flor que desvanece e se altera enquanto ela desenvolve-se, e as partes conscientes de nossas naturezas não profetizam nem sua

materials of external life exceed the quantity of the power of assimilating them to the internal laws of human nature. The body has then become too unwieldy for that which animates it.

Poetry is indeed something divine. It is at once the centre and circumference of knowledge; it is that which comprehends all science, and that to which all science must be referred. It is at the same time the root and blossom of all other systems of thought; it is that from which all spring, and that which adorns all; and that which, if blighted, denies the fruit and the seed, and withholds from the barren world the nourishment and the succession of the scions of the tree of life. It is the perfect and consummate surface and bloom of all things; it is as the odour and the colour of the rose to the texture of the elements which compose it, as the form and splendour of unfaded beauty to the secrets of anatomy and corruption. What were virtue, love, patriotism, friendship – what were the scenery of this beautiful universe which we inhabit; what were our consolations on this side of the grave – and what were our aspirations beyond it, if poetry did not ascend to bring light and fire from those eternal regions where the owl-winged faculty of calculation dare not ever soar? Poetry is not like reasoning, a power to be exerted according to the determination of the will. A man cannot say, 'I will compose poetry.' The greatest poet even cannot say it; for the mind in creation is as a fading coal, which some invisible influence, like an inconstant wind, awakens to transitory brightness; this power arises from within, like the colour of a flower which fades and changes as it is developed, and the conscious portions of our natures are unprophetic

either of its approach or its departure. Could this influence be durable in its original purity and force, it is impossible to predict the greatness of the results; but when composition begins, inspiration is already on the decline, and the most glorious poetry that has ever been communicated to the world is probably a feeble shadow of the original conceptions of the poet. I appeal to the greatest poets of the present day, whether it is not an error to assert that the finest passages of poetry are produced by labour and study. The toil and the delay recommended by critics, can be justly interpreted to mean no more than a careful observation of the inspired moments, and an artificial connexion of the spaces between their suggestions by the intertexture of conventional expressions; a necessity only imposed by the limitedness of the poetical faculty itself; for Milton conceived the Paradise Lost as a whole before he executed it in portions; We have his own authority also for the muse having 'dictated' to him the 'unpremeditated song'. And let this be an answer to those who would allege the fifty-six various readings of the first line of the Orlando Furioso. Compositions so produced are to poetry what mosaic is to painting. This instinct and intuition of the poetical faculty, is still more observable in the plastic and pictorial arts; a great statue or picture grows under the power of the artist as a child in the mother's womb; and the very mind which directs the hands in formation is incapable of accounting to itself for the origin, the gradations, or the media of the process.

Poetry is the record of the best and happiest moments of the happiest and best minds. We are aware of

conscientes das efêmeras visitas do pensamento e do sentimento, às vezes associadas a um lugar ou a uma pessoa, às vezes relacionadas à nossa mente apenas, e sempre se erguendo imprevistas e partindo sem que queiramos, mas elevadas e deliciosas além de qualquer expressão; assim, mesmo que partindo no desejo e no remorso, nada poderia haver além de prazer, participando como habitualmente na natureza do objeto. É como se fosse a interpenetração de uma natureza mais divina através da nossa própria; mas suas pegadas são como aquelas do vento sobre o mar, que a calma vindoura apaga e cujos traços apenas se mantêm na areia vincada que o pavimenta. Estas, e as condições correspondentes ao ser, são vividas principalmente por aqueles da mais delicada sensibilidade e da mais expandida imaginação; e o estado de espírito assim produzido está em conflito com todo desejo básico. O entusiasmo da virtude, do amor, do patriotismo e da amizade está essencialmente ligado a tais emoções; e, enquanto duram, o si aparece como é, um átomo no universo. Os poetas não estão apenas sujeitos a tais experiências, como espíritos da mais refinada organização, mas apenas eles podem colorir tudo o que combinam com os efêmeros tons deste mundo etéreo; uma palavra, um traço na representação de uma cena ou de uma paixão, tocará o acorde encantado e reanimará, naqueles que já vivenciaram tais emoções, a dormente, fria e sepultada imagem do passado. A poesia, assim, torna imortal tudo o que é de melhor e mais belo no mundo; ela retém as fugazes aparições que assombram as inter-lunações da vida, e velando-as, ou na linguagem ou na forma, envia-as adiante por entre a

evanescent visitations of thought and feeling sometimes associated with place or person, sometimes regarding our own mind alone, and always arising unforeseen and departing unbidden, but elevating and delightful beyond all expression; so that even in the desire and regret they leave, there cannot but be pleasure, participating as it does in the nature of its object. It is as it were the interpenetration of a diviner nature through our own; but its footsteps are like those of a wind over the sea, which the coming calm erases, and whose traces remain only, as on the wrinkled sand which paves it. These and corresponding conditions of being are experienced principally by those of the most delicate sensibility and the most enlarged imagination; and the state of mind produced by them is at war with every base desire. The enthusiasm of virtue, love, patriotism, and friendship, is essentially linked with such emotions; and whilst they last, self appears as what it is, an atom to a universe. Poets are not only subject to these experiences as spirits of the most refined organization, but they can colour all that they combine with the evanescent hues of this ethereal world; a word, a trait in the representation of a scene or a passion, will touch the enchanted chord, and reanimate, in those who have ever experienced these emotions, the sleeping, the cold, the buried image of the past. Poetry thus makes immortal all that is best and most beautiful in the world; it arrests the vanishing apparitions which haunt the interlunations of life, and veiling them, or in language or in form, sends them forth among mankind, bearing sweet news of kindred joy to those with whom their sisters abide—abide, because there is no portal of expression from the caverns of the spirit which they inhabit into the universe of things. Poetry redeems from decay the visitations of the divinity in man.

Poetry turns all things to loveliness; it exalts the beauty of that which is most beautiful, and it adds beauty to that which is most deformed; it marries exultation and horror, grief and pleasure, eternity and change; it subdues to union under its light yoke, all irreconcilable things. It transmutes all that it touches, and every form moving within the radiance of its presence is changed by wondrous sympathy to an incarnation of the spirit which it breathes: its secret alchemy turns to potable gold the poisonous waters which flow from death through life; it strips the veil of familiarity from the world, and lays bare the naked and sleeping beauty, which is the spirit of its forms.

All things exist as they are perceived; at least in relation to the percipient. 'The mind is its own place, and of itself can make a heaven of hell, a hell of heaven.' But poetry defeats the curse which binds us to be subjected to the accident of surrounding impressions. And whether it spreads its own figured curtain, or withdraws life's dark veil from before the scene of things, it equally creates for us a being within our being. It makes us the inhabitants of a world to which the familiar world is a chaos. It reproduces the common universe of which we are portions and percipients, and it purges from our inward sight the film of familiarity which obscures from us the

[31] "Paraíso Perdido", John Milton.

humanidade, portando doces novas de alegria similar àqueles com quem suas irmãs residem – residem, porque não há nenhum portal de expressão das cavernas do espírito que elas habitam pelo universo das coisas. A poesia redime, da queda, as visitas da divindade ao homem.

A poesia transforma todas as coisas em encanto; exalta a beleza daquilo que é mais belo e acrescenta beleza ao que está mais deformado; atrela o júbilo ao horror, a tristeza ao prazer, a eternidade à mudança; subjuga à união, sob o seu suave grilhão, todas as coisas irreconciliáveis. Transmuta tudo o que toca e toda a forma movente na irradiação de sua presença é alterado, por maravilhosa simpatia, em uma encarnação do espírito que a poesia exala: sua secreta alquimia transforma em ouro potável as águas envenenada que fluem da morte pela vida; a poesia desfaz o véu de familiaridade do mundo e exibe a beleza nua e dormida, que é o espírito das formas.

Todas as coisas existem como elas são percebidas, ao menos para aquele que as percebe. "O espírito é, em si, sua própria morada e pode fazer do céu um inferno ou um inferno do céu"[31]. Mas a poesia derrota a maldição que nos prende, sujeitos ao acidente das impressões que nos cercam. E, se ela estende sua cortina figurada ou puxa o escuro véu da vida da frente do cenário das coisas, igualmente cria, para nós, um ser dentro de nosso ser. Ela faz de nós os habitantes de um mundo ao qual o mundo familiar é um caos. Reproduz o universo comum do qual somos habitantes e temos consciência, e expurga, de nossa visão interior, o filme de familiaridade que nos obscurece a maravilha de nosso ser. A poesia compele-nos a sentir aquilo que percebemos e a imaginar aquilo que sabemos. Ela cria um novo universo, após ter sido aniquilado em nossas mentes pela recorrência das impressões amortecidas pela repetição. A poesia justifica as corajosas e verdadeiras palavras de Tasso: "Non merita nome di criatore, se non Iddio ed il Poeta".

Um poeta, por ser o autor, para os outros, da mais alta sabedoria, prazer, virtude e glória, deve ser pessoalmente o mais feliz, o melhor, o mais sábio e o mais ilustre dos homens. Ao que concerne à sua glória, deixemos que o tempo seja desafiado a declarar se a fama de qualquer outro instituidor da vida humana seja comparável à da de um poeta. Que ele seja o mais sábio, o mais feliz e o melhor, por ser ele um poeta, é igualmente incontroverso: os maiores poetas têm sido homens da mais imaculada virtude, da mais consumada prudência e, se olharmos para o interior de suas vidas, os homens mais afortunados: e as exceções, que se referem àqueles que possuíram a faculdade poética em um alto nível, porém inferior, serão considerados como confirmação, ao invés da destruição, da regra. Inclinemo-nos, por um momento, à arbitração da exalação popular, e usurpando e unido em nossas pessoas os personagens incompatíveis de acusador, testemunha, juiz e executor, decidamos, sem julgamento, audição ou método, que aqueles certos motivos daqueles que 'se sentam onde não ousamos planar' são repreensíveis. Assumamos que Homero era um bêbedo, que Virgílio era um bajulador, que Horácio era um covarde, aquele Tasso, um louco, que Lorde Bacon era um concussionário, que Rafael era um libertino e que Spenser era um poeta

wonder of our being. It compels us to feel that which we perceive, and to imagine that which we know. It creates anew the universe, after it has been annihilated in our minds by the recurrence of impressions blunted by reiteration. It justifies the bold and true words of Tasso: Non merita nome di creatore, se non Iddio ed il Poeta.

A poet, as he is the author to others of the highest wisdom, pleasure, virtue and glory, so he ought personally to be the happiest, the best, the wisest, and the most illustrious of men. As to his glory, let time be challenged to declare whether the fame of any other institutor of human life be comparable to that of a poet. That he is the wisest, the happiest, and the best, inasmuch as he is a poet, is equally incontrovertible: the greatest poets have been men of the most spotless virtue, of the most consummate prudence, and, if we would look into the interior of their lives, the most fortunate of men: and the exceptions, as they regard those who possessed the poetic faculty in a high yet inferior degree, will be found on consideration to confine rather than destroy the rule. Let us for a moment stoop to the arbitration of popular breath, and usurping and uniting in our own persons the incompatible characters of accuser, witness, judge, and executioner, let us decide without trial, testimony, or form, that certain motives of those who are 'there sitting where we dare not soar', are reprehensible. Let us assume that Homer was a drunkard, that Virgil was a flatterer, that Horace was a coward, that Tasso a madman, that Lord Bacon was a peculator, that Raphael was a libertine, that Spenser was a poet laureate. It is inconsistent with this division of our subject to cite living poets, but posterity has done ample justice to the great names now referred to. Their errors have been weighed and found to have been dust in the balance; if their sins 'were as scarlet, they are now white as snow'; they have been washed in the blood of the mediator and redeemer, Time. Observe in what a ludicrous chaos the imputation of real or fictitious crime have been confused in the contemporary calumnies against poetry and poets; consider how little is, as it appears – or appears, as it is; look to your own motives, and judge not, lest ye be judged.

Poetry, as has been said, differs in this respect from logic, that it is not subject to the control of the active powers of the mind, and that its birth and recurrence have no necessary connexion with the consciousness or will. It is presumptuous to determine that these are the necessary conditions of all mental causation, when mental effects are experienced unsusceptible of being referred to them. The frequent recurrence of the poetical power, it is obvious to suppose, may produce in the mind a habit of order and harmony correlative with its own nature and its effects upon other minds. But in the intervals of inspiration, and they may be frequent without being durable, a poet becomes a man, and is abandoned to the sudden reflux of the influences under which others habitually live. But as he is more delicately organized than other men, and sensible to pain and pleasure, both his own and that of others, in a degree unknown to them, he will avoid the one and pursue the other with an ardour proportioned to

laureado. É inconsistente com esta divisão de nosso assunto citar poetas vivos, mas a posteridade tem feito ampla justiça aos grandes nomes agora citados. Seus erros foram pesados e descobriu-se que eram pó na balança; se seus pecados 'fossem como escarlate, eles agora seriam brancos como a neve'; foram lavados com o sangue do mediador e do redentor, o Tempo. Observe em qual burlesco caos a imputação de um crime, real ou fictício, tem sido confundida nas calúnias contemporâneas contra a poesia e os poetas; considere quão pequena é, enquanto surge – ou aparece, como é; olhe para os seus próprios motivos, e não julgue, a menos que você seja julgado.

A poesia, como já se disse, difere, nesse quesito, da lógica, que não está sujeita ao controle dos poderes ativos da mente, e que seu nascimento e recorrência não têm conexão necessária com a consciência ou com o arbítrio. É presunçoso determinar que estas são as condições necessárias para todas as causas mentais, quando os efeitos mentais são vividos indiferentemente de serem baseadas nelas. A freqüente recorrência do poder poético, é óbvio supor, pode produzir na mente um hábito de ordem e harmonia correlacionada à sua própria natureza e seus efeitos sobre as outras mentes. Mas, nos intervalos da inspiração, e eles podem ser freqüentes sem serem duráveis, um poeta torna-se homem e é abandonado ao repentino refluxo das influências sob as quais os outros vivem. Mas, como ele é mais delicadamente organizado do que os outros homens e sensível à dor e ao prazer, ambos são seus e aquele, de outrem, em um grau desconhecido a eles, ele evitará o primeiro e buscará o segundo com um ardor proporcional a essa diferença. E ele torna-se desagradável à calúnia, quando negligencia observar as circunstâncias sob as quais esses objetos de busca e arroubo universais disfarçam-se nas vestes de outro.

Mas não há nada, necessariamente, mal neste erro, e, portanto, a crueldade, a inveja, a vingança, a avareza e as paixões puramente más não formam, nunca, qualquer uma das imputações populares às vidas dos poetas.

Pensei ser mais favorável à causa da verdade dispor esses comentários de acordo com a ordem nas quais foram sugeridos à minha mente, por uma consideração do tema em si mesmo, ao invés de observar a formalidade de uma resposta polêmica; mas, se a visão que as contém for justa, envolverá uma refutação aos detratores da poesia, pelo menos a ponto de considerar a primeira divisão do assunto. Posso, prontamente, conjeturar o que teria movido a bílis de alguns escritores, sábios e inteligentes, que discutem com certos versadores; eu confesso-me, como eles, a não ter desejo de me surpreender, pelas Teseidas do rouco Codri do momento; Bávio e Maévio são, sem dúvida, como sempre foram, pessoas intolerantes[32]. Mas é dever dos críticos filosóficos distinguir ao invés de confundir.

A primeira parte desses comentários relacionou-se à poesia em seus elementos e princípios; e mostrou-se, tanto quanto os estreitos limites atribuídos a eles permitiriam, que o que se chama de poesia, em um sentido estrito, é fonte comum a todas as outras formas de ordem e de beleza, de acordo

this difference. And he renders himself obnoxious to calumny, when he neglects to observe the circumstances under which these objects of universal pursuit and flight have disguised themselves in one another's garments.

But there is nothing necessarily evil in this error, and thus cruelty, envy, revenge, avarice, and the passions purely evil, have never formed any portion of the popular imputations on the lives of poets.

I have thought it most favourable to the cause of truth to set down these remarks according to the order in which they were suggested to my mind, by a consideration of the subject itself, instead of observing the formality of a polemical reply; but if the view which they contain be just, they will be found to involve a refutation of the arguers against poetry, so far at least as regards the first division of the subject. I can readily conjecture what should have moved the gall of some learned and intelligent writers who quarrel with certain versifiers; I confess myself, like them, unwilling to be stunned, by the Theseids of the hoarse Codri of the day. Bavius and Maevius undoubtedly are, as they ever were, insufferable persons. But it belongs to a philosophical critic to distinguish rather than confound.

The first part of these remarks has related to poetry in its elements and principles; and it has been shown, as well as the narrow limits assigned them would permit, that what is called poetry, in a restricted sense, has a common source with all other forms of order and of beauty, according to which

---

[32] Bávio e Maévio poetas da Antiguidade que tornaram-se sinônimos de desdém, em virtude da tentativa de atingir a imortalidade ao atacar a qualidade e as obras de dois dos mais importantes poetas de seu tempo, Vírgilio e Horácio. (N.T.)

the materials of human life are susceptible of being arranged, and which is poetry in a universal sense.

The second part will have for its object an application of these principles to the present state of the cultivation of poetry, and a defence of the attempt to idealize the modern forms of manners and opinions, and compel them into a subordination to the imaginative and creative faculty. For the literature of England, an energetic development of which has ever preceded or accompanied a great and free development of the national will, has arisen as it were from a new birth. In spite of the low-thoughted envy which would undervalue contemporary merit, our own will be a memorable age in intellectual achievements, and we live among such philosophers and poets as surpass beyond comparison any who have appeared since the last national struggle for civil and religious liberty. The most unfailing herald, companion, and follower of the awakening of a great people to work a beneficial change in opinion or institution, is poetry. At such periods there is an accumulation of the power of communicating and receiving intense and impassioned conceptions respecting man and nature. The persons in whom this power resides may often, as far as regards many portions of their nature, have little apparent correspondence with that spirit of good of which they are the ministers. But even whilst they deny and abjure, they are yet compelled to serve, the power which is seated on the throne of their own soul. It is impossible to read the compositions of the most celebrated writers of the present day without being startled with the electric life which burns

com os materiais da vida humana possam ser suscetíveis de serem arranjados, e que é poesia em um sentido universal.

A segunda parte terá como objeto uma aplicação destes princípios ao estado atual de cultivo da poesia e uma defesa da tentativa de idealizar as formas modernas das maneiras e das opiniões e compeli-las a se subordinarem à faculdade imaginativa e criativa. Pois a literatura da Inglaterra, um enérgico desenvolvimento do que sempre precedeu ou acompanhou um grande e livre desenvolvimento do arbítrio nacional, ergueu-se como se em um novo nascimento. Apesar da pouco inteligente inveja que desvaloriza qualquer mérito contemporâneo, a nossa própria será uma época memorável de feitos intelectuais e vivemos entre tais filósofos e poetas que ultrapassam, além da comparação, qualquer um que tenha surgido desde a última batalha nacional pela liberdade civil e religiosa. Se o mais infalível arauto, companheiro ou seguidor do despertar de um grande povo, a operar uma mudança benéfica na opinião ou na instituição, é poesia. Em tais períodos, há uma acumulação de poder de comunicar e receber intensos e arrebatados conceitos relativos ao homem e à natureza. As pessoas em quem este poder reside podem, freqüentemente, pelo que concerne às muitas porções de sua natureza, ter pouca correspondência aparente com aquele espírito do bem do qual são ministros. Mas, mesmo embora eles recusem e abjurem, são ainda compelidos a servir ao poder que se senta no trono de sua própria alma. É impossível ler as composições dos mais celebrados escritores de hoje sem se assustar com a vida elétrica que arde em suas palavras.

Eles medem a circunferência e ressoam nas profundezas da natureza humana com um espírito abrangente e penetrador, e são, eles mesmos, talvez, os mais sinceramente atônitos com as suas manifestações; pois é menos o seu espírito do que o espírito do seu tempo. Os poetas são os hierofantes de uma inspiração desconhecida; os espelhos das gigantescas sombras que o futuro lança sobre o presente; as palavras que expressam o que eles não entendem; os trompetes que anunciam a batalha e não sentem o que lhes inspiram; a influência que não se move, mas move.

Os poetas são os legisladores desconhecidos do mundo.

A Necessidade do Ateísmo*

THE NECESSITY OF ATHEISM*

THERE IS NO GOD

This negation must be understood solely to affect a creative Deity. The hypothesis of a pervading Spirit co-eternal with the universe remains unshaken.

A close examination of the validity of the proofs adduced to support any proposition is the only secure way of attaining truth, on the advantages of which it is unnecessary to descant: our knowledge of the existence, of a Deity is a subject of such importance that it cannot be too minutely investigated; in consequence of this conviction we proceed briefly and impartially to examine the proofs which have been adduced. It is necessary first to consider the nature of belief.

* "The Necessity of Atheism" was published anonymously by Shelley in 1811 (and the cause for expulsion from Oxford of its author and his roommate Thomas J. Hogg). In 1813, he printed a revised and expanded version of it as one of the notes to his poem "Queen Mab". The revised and expanded version is the one here reprinted.

NÃO HÁ DEUS ALGUM

Esta negação deve ser compreendida apenas como referência a uma Divindade criativa. A hipótese de um Espírito penetrante, co-eterno com o universo, permanece inalterada.

Um exame minucioso da validade das provas citadas para apoiar qualquer proposição é o único modo seguro de obter a verdade, para o benefício da qual é desnecessário descantar; nosso conhecimento da existência de uma Divindade é um tema de tamanha importância que não pode ser detalhadamente investigado; em conseqüência desta convicção, seguiremos breve e imparcialmente a examinar as provas que foram citadas. Primeiro, é necessário considerar a natureza da crença.

* "A Necessidade do Ateísmo" foi publicada anonimamente por Shelley em 1811 (e a causa de sua expulsão de Oxford do autor e seu colega de quarto Thomas J. Hogg). Em 1813, ele publicou uma versão revista e ampliada como uma das notas de seu poema "Queen Mab". A versão expandida e revisada é esta aqui publicada.

Quando uma proposição é oferecida à mente, Esta percebe o acordo ou o desacordo das idéias das quais é composta. Uma percepção de seu acordo é chamada de crença. Muitos obstáculos, com freqüência, impedem essa percepção de ser imediata; estes, a mente tenta remover para que a percepção seja distinta. A mente é ativa na investigação, para aperfeiçoar o estado da percepção da relação que as idéias componentes da proposição trazem para cada uma, que é passiva; a investigação, sendo confusa com a percepção, induziu muitos a imaginar falsamente que a mente é ativa na crença – que a crença é um ato de volição – em conseqüência do que, esta pode ser regulada pela mente. Ao prosseguir, continuar neste erro, eles ligaram um aspecto de criminalidade à descrença; da qual, em sua natureza, é incapaz: é, igualmente, incapaz de mérito.

A crença, então, é uma paixão, a força do que, como qualquer outra paixão, está em precisa proporção com os graus de excitação.

Os graus de excitação são três. Os sentidos são as fontes de todo o conhecimento para a mente; conseqüentemente, sua evidência clama pela mais forte aceitação.

A decisão da mente, baseada em nossa própria experiência, deriva-se dessas fontes e clama pelo próximo grau.

A experiência dos outros, que se dirige à sua origem, ocupa o grau mais baixo.

(Uma escala graduada, na qual devem ser marcadas as habilidades das proposições de se abordar o teste dos sentidos, seria um justo barômetro da crença que deveria se ligar a eles).

Por conseqüência, nenhum testemunho contrário à razão pode ser

When a proposition is offered to the mind, It perceives the agreement or disagreement of the ideas of which it is composed. A perception of their agreement is termed belief. Many obstacles frequently prevent this perception from being immediate; these the mind attempts to remove in order that the perception may be distinct. The mind is active in the investigation in order to perfect the state of perception of the relation which the component ideas of the proposition bear to each, which is passive; the investigation being confused with the perception has induced many falsely to imagine that the mind is active in belief – that belief is an act of volition – in consequence of which it may be regulated by the mind. Pursuing, continuing this mistake, they have attached a degree of criminality to disbelief; of which, in its nature, it is incapable: it is equally incapable of merit.

Belief, then, is a passion, the strength of which, like every other passion, is in precise proportion to the degrees of excitement.

The degrees of excitement are three. The senses are the sources of all knowledge to the mind; consequently their evidence claims the strongest assent.

The decision of the mind, founded upon our own experience, derived from these sources, claims the next degree.

The experience of others, which addresses itself to the former one, occupies the lowest degree.

(A graduated scale, on which should be marked the capabilities of propositions to approach to the test of the senses, would be a just barometer of the belief which ought to be attached to them).

Consequently no testimony can be admitted which is contrary to reason;

reason is founded on the evidence of our senses.

Every proof may be referred to one of these three divisions: it is to be considered what arguments we receive from each of them, which should convince us of the existence of a Deity.

1st The evidence of the senses. If the Deity should appear to us, if he should convince our senses of his existence, this revelation would necessarily command belief. Those to whom the Deity has thus appeared have the strongest possible conviction of his existence. But the God of Theologians is incapable of local visibility.

2nd Reason. It is urged that man knows that whatever is must either have had a beginning, or have existed from all eternity, he also knows that whatever is not eternal must have had a cause. When this reasoning is applied to the universe, it is necessary to prove that it was created: until that is clearly demonstrated we may reasonably suppose that it has endured from all eternity. We must prove design before we can infer a designer. The only idea which we can form of causation is derivable from the constant conjunction of objects, and the consequent inference of one from the other. In a base where two propositions are diametrically opposite, the mind believes that which is least incomprehensible; — it is easier to suppose that the universe has existed from all eternity than to conceive a being beyond its limits capable of creating it: if the mind sinks beneath the weight of one, is it an alleviation to increase the intolerability of the burthen?

The other argument, which is founded on a Man's knowledge of his own existence, stands thus. A man

admitido; a razão é fundamentada na evidência de nossos sentidos.

Cada prova pode estar relacionada a uma destas três divisões: devem ser considerados quais argumentos recebemos de cada um deles que nos convenceria da existência de uma Divindade.

1º A evidência dos sentidos. Se a Divindade deve aparecer para nós, se ela deve nos convencer de sua existência, esta revelação deve, necessariamente, comandar a crença. Aqueles aos quais a Divindade surgiu têm a convicção mais forte possível de sua existência. Mas o Deus dos Teólogos é incapaz de ser localmente visível.

2ª Razão. Urge-se que o homem saiba que tudo deve ter tido uma origem ou existir de toda a eternidade, ele também sabe que tudo o que não é eterno deve ter tido uma causa. Quando este raciocínio é empregado ao universo, é necessário provar que ele foi criado: até que isso seja claramente demonstrado, podemos razoavelmente supor que o universo resistiu por toda a eternidade. Devemos provar o desígnio antes de inferirmos aquele que o designa. A única idéia que podemos formar da causa é derivada da constante conjunção de objetos e a conseqüente inferência de um sobre o outro. Em uma base, onde duas proposições estão diametralmente opostas, a mente crê naquela que é menos incompreensível; é mais fácil supor que o universo têm existido por toda a eternidade do que conceber um ser além de seus limites capaz de criá-lo: se a mente afunda sobre o peso de um, é um alívio aumentar a intolerância do fardo?

O outro argumento, que é baseado sobre o conhecimento do Homem de sua própria existência, assim permanece. O homem sabe não apenas o que agora é, mas o que ele uma vez não foi; logo, deve haver uma causa. Mas nossa idéia de causa é, por si própria, derivada da constante conjunção dos objetos e da conseqüente Inferência de um sobre o outro; e, pensando experimentalmente, podemos apenas inferir dos efeitos causados adequados àqueles efeitos. Mas, certamente, há um poder gerativo que é exercido por certos instrumentos: não podemos provar que é inerente a estes instrumentos, nem a hipótese contrária é capaz de demonstração: admitimos que o poder gerativo é incompreensível; mas, supor que o mesmo efeito seja produzido por um ser etéreo, onisciente e onipotente deixa a causa na mesma obscuridade, mas a torna mais incompreensível.

3ª Testemunho. Requer-se que o testemunho não seja contrário à razão. O testemunho de que a Divindade convence os sentidos do homem à sua existência pode ser apenas admitido por nós, se a nossa mente considera menos provável que aqueles homens devem ter sido enganados do que a Divindade tenha aparecido para eles. Nossa razão não pode nunca admitir o testemunho de homens que não apenas declaram que eles foram testemunhas oculares de milagres, mas que a Divindade foi irracional; pois ele ordenou que ele devesse ser cultuado, ele ofereceu as maiores recompensas pela fé e punições eternas pela descrença. Podemos apenas ordenar ações arbitrárias; a crença não é um ato de volição; a mente é sempre passiva ou involuntariamente ativa; daí, que é evidente que não temos nenhum testemunho suficiente, ao contrário, um testemunho é insuficiente para provar o ser de um Deus. Já foi antes evidenciado que isso não pode ser deduzido pela razão.

knows not only that he now is, but that once he was not; consequently there must have been a cause. But our idea of causation is alone derivable from the constant conjunction of objects and the consequent Inference of one from the other; and, reasoning experimentally, we can only infer from effects caused adequate to those effects. But there certainly is a generative power which is effected by certain instruments: we cannot prove that it is inherent in these instruments" nor is the contrary hypothesis capable of demonstration: we admit that the generative power is incomprehensible; but to suppose that the same effect is produced by an eternal, omniscient, omnipotent being leaves the cause in the same obscurity, but renders it more incomprehensible.

3rd, Testimony. It is required that testimony should not be contrary to reason. The testimony that the Deity convinces the senses of men of his existence can only be admitted by us, if our mind considers it less probable, that these men should have been deceived than that the Deity should have appeared to them. Our reason can never admit the testimony of men, who not only declare that they were eye-witnesses of miracles, but that the Deity was irrational; for he commanded that he should be believed, he proposed the highest rewards for, faith, eternal punishments for disbelief. We can only command voluntary actions; belief is not an act of volition; the mind is ever passive, or involuntarily active; from this it is evident that we have no sufficient testimony, or rather that testimony is insufficient to prove the being of a God. It has been before shown that it cannot be deduced from reason. They alone, then, who have been convinced by the evidence of the senses can believe it.

Hence it is evident that, having no proofs from either of the three sources of conviction, the mind cannot believe the existence of a creative God: it is also evident that, as belief is a passion of the mind, no degree of criminality is attachable to disbelief; and that they only are reprehensible who neglect to remove the false medium through which their mind views any subject of discussion. Every reflecting mind must acknowledge that there is no proof of the existence of a Deity.

God is an hypothesis, and, as such, stands in need of proof: the onus probandi rests on the theist. Sir Isaac Newton says:

Hypotheses non fingo, quicquid enim ex phaenomenis non deducitur hypothesis, vocanda est, et hypothesis vel metaphysicae, vel physicae, vel qualitatum occultarum, seu mechanicae, in philosophia locum non habent*.

To all proofs of the existence of a creative God apply this valuable rule. We see a variety of bodies possessing a variety of powers: we merely know their effects; we are in a estate of ignorance with respect to their essences

* The General Scholium, added to the PHILOSOPHIÆ NATURALIS PRINCIPIA MATHEMATICA in 1713, is probably Isaac Newton's most famous writing. It is also one of the least understood.

Apenas aqueles, então, que foram convencidos pela evidência dos sentidos podem acreditar.

Portanto, é evidente que, não tendo provas de nenhuma das três fontes de convicção, a mente não pode acreditar na existência de um Deus criativo: também é evidente que, como a crença é uma paixão da mente, nenhum grau de criminalidade pode ser relacionado à descrença; e que apenas eles são repreensíveis, por recusarem-se a remover o falso meio pelo qual suas mentes observam quaisquer temas para a discussão. Toda mente que reflete deve reconhecer que não há provas da existência de uma Divindade.

Deus é uma hipótese e, como tal, permanece na necessidade de prova: o ônus da prova permanece com os teístas. Sir Isaac Newton diz:

Hypotheses non fingo, quicquid enim ex phaenomenis non deducitur hypothesis, vocanda est, et hypothesis vel metaphysicae, vel physicae, vel qualitatum occultarum, seu mechanicae, in philosophia locum non habent[33, 34].

Para todas as provas da existência de um Deus criativo aplica-se essa valiosa regra. Vemos uma profusão de corpos possuindo uma gama de poderes: apenas conhecemos seus efeitos; estamos em um estado de ignorância com respeito às suas

[33] O Escólio Geral, adicionado ao PHILOSOPHIÆ NATURALIS PRINCIPIA MATHEMATICA em 1713, é provavelmente o escrito mais famoso de Isaac Newton e também é um dos menos compreendidos.

[34] "Tudo aquilo que não é dedutível a partir dos fenômenos pode ser classificado como uma hipótese; e a hipótese, seja ela metafísica ou apenas física, baseada em qualidades ocultas ou mecânicas, não possui lugar na filosofia experimental". (N.T.)

essências e causas. Newton chama-os de fenômeno das coisas; mas o orgulho da filosofia não deseja admitir sua ignorância sobre essas causas. A partir destes fenômenos, que são os objetos de nossa tentativa de inferir uma causa, a qual chamamos Deus e, gratuitamente, o dotamos de todas as qualidades negativas e contraditórias. Desta hipótese inventamos seu nome geral, para ocultar nossa ignorância das causas e das essências. O ser chamado Deus, de nenhuma maneira, responde às condições prescritas por Newton; carrega cada marca de um véu tecido pela presunção filosófica, para esconder a ignorância dos filósofos, mesmo deles mesmos. Eles tomam emprestada a fiação de sua textura do antropomorfismo do vulgar. As palavras já foram usadas pelos sofistas para os mesmos propósitos, das ocultas qualidades dos peripatéticos ao effluvium de Boyle e das nebulosas de Herschel. Deus é representado como infinito, eterno, incompreensível; ele está contido em todo predicado daquela lógica da ignorância poderia fabricar. Mesmo seus seguidores acedem que é impossível formar qualquer idéia dele; exclamam, com o poeta francês,

Pour dire ce qu'il est, il faut être
[lui-meme[35]

Lorde Bacon diz que o ateísmo deixa ao homem a razão, a filosofia, a piedade natural, as leis, a reputação e tudo que pode servir para conduzi-lo à virtude; mas a superstição destrói a tudo e ergue-se como o tirano sobre a compreensão do homem: daí que o ateísmo nunca perturba o governo, mas

and causes. These Newton calls the phenomena of things; but the pride of philosophy is unwilling to admit its ignorance of their causes. From the phenomena, which are the objects of our attempt to infer a cause, which we call God, and gratuitously endow it with all negative and contradictory qualities. From this hypothesis we invent this general name, to conceal our ignorance of causes and essences. The being called God by no means answers with the conditions prescribed by Newton; it bears every mark of a veil woven by philosophical conceit, to hide the ignorance of philosophers even from themselves. They borrow the threads of its texture from the anthropomorphism of the vulgar. Words have been used by sophists for the same purposes, from the occult qualities of the peripatetics to the effluvium of Boyle and the crinities or nebulae of Herschel. God is represented as infinite, eternal, incomprehensible; he is contained under every predicate in non that the logic of ignorance could fabricate. Even his worshippers allow that it is impossible to form any idea of him: they exclaim with the French poet,

Pour dire ce qu'il est, il faut etre
[lui-meme.

Lord Bacon says that atheism leaves to man reason, philosophy, natural piety, laws, reputation, and everything that can serve to conduct him to virtue; but superstition destroys all these, and erects itself into a tyranny over the understandings of men: hence atheism never disturbs the government,

[35] "Para se dizer o que É, deve-se SER por si mesmo". (N.T.)

but renders man more clear-sighted, since he sees nothing beyond the boundaries of the present life.

The first theology of man made him first fear and adore the elements themselves, the gross and material objects of nature; he next paid homage to the agents controlling the elements, lower genies, heroes or men gifted with great qualities. By force of reflection he sought to simplify things by submitting all nature to a single agent, spirit, or universal soul, which, gave movement to nature and all its branches. Mounting from cause to cause, mortal man has ended by seeing nothing; and it is in this obscurity that he has placed his God; it is in this darksome abyss that his uneasy imagination has always labored to fabricate chimeras, which will continue to afflict him until his knowledge of nature chases these phantoms which he has always so adored.

If we wish to explain our ideas of the Divinity we shall be obliged to admit that, by the word God, man has never been able to designate but the most hidden, the most distant and the most unknown cause of the effects which he saw; he has made use of his word only when the play of natural and known causes ceased to be visible to him; as soon as he lost the thread of these causes, or when his mind could no longer follow the chain, he cut the difficulty and ended his researches by calling God the last of the causes, that is to say, that which is beyond all causes that he knew; thus he but assigned a vague denomination to an unknown cause, at which his laziness or the limits of his knowledge forced him to stop.

[36] Bacon, "Ensaios Morais". (N.T.)

torna o homem mais esclarecido, já que ele nada vê além dos limites da vida presente.[36]

A primeira teologia do homem o fez temer e adorar os elementos em si mesmo, os vulgares e materiais objetos da natureza; depois, ele prestou homenagem aos agentes que controlam os elementos, gênios inferiores, heróis ou homens dotados de grandes qualidades. Pela força da reflexão, ele buscou simplificar as coisas por submeter toda a natureza a um único agente, espírito ou alma universal, que deu movimento à natureza e a todas as suas ramificações. Pulando de causa em causa, o homem mortal terminou vendo nada; e, nesta obscuridade, ele colocou seu Deus; é, neste enegrecido abismo, que sua imaginação inquieta sempre tem trabalhado para fabricar quimeras, que continuarão a lhe afligir até que seu conhecimento da natureza persiga estes fantasmas que ele tanto tem adorado.

Se desejamos explicar nossas idéias sobre a Divindade, somos obrigados a admitir que, pela palavra Deus, o homem nunca foi capaz de designar senão a mais oculta, a mais distante e a mais desconhecida causa dos efeitos que ele via; ele fez uso de sua palavra apenas quando o jogo das causas naturais e conhecidas deixaram de lhe ser visíveis; tão rápido quanto perdera a meada destas causas ou quando sua mente não mais pudera seguir a lógica, ele cortou a dificuldade e terminou suas pesquisas ao chamar Deus a última das causas, o que equivale a dizer, o que está além de todas as causas que ele conhecia; portanto, ele simplesmente atribuiu uma vaga denominação para uma causa desconhecida, a que sua indolência ou os limites de seu conhecimento o forçou a parar. Sempre que dizemos que Deus é o autor de algum fenômeno, isso significa que somos ignorantes sobre como tal fenômeno foi capaz de operar com a ajuda de forças ou das causas que conhecemos na natureza. É, assim, que a generalidade da humanidade, cujo futuro é a ignorância, atribui à Divindade não apenas os efeitos incomuns que a atinge, mas, além disso, os mais simples efeitos, dos quais as causas são as mais simples de compreender por qualquer um capaz de estudá-las. Em uma palavra, o homem sempre respeitou as causas desconhecidas e os efeitos surpreendentes que sua ignorância impediu-o de desenredar. Foi nestes escombros da natureza que o homem ergueu o colosso imaginário da Divindade.

Se a ignorância da natureza deu luz aos deuses, o conhecimento da natureza é feito para a sua destruição. Na proporção em que o homem aprendia, suas forças e seus recursos aumentavam com seu conhecimento; a ciência, as artes, a indústria, foram-lhe úteis; a experiência reafirmou-lhe ou assistiu-o com os meios de resistência aos esforços das muitas causas que deixaram de alarmar assim que foram compreendidas. Em uma palavra, seus terrores dissiparam-se na mesma proporção que sua mente iluminou-se. O homem culto deixa de ser supersticioso.

É apenas pelo boato (o rumor, passado de geração a geração) que povos inteiros adoram o Deus de seus pais e de seus pregadores: a autoridade, a confiança, a submissão e o costume, com eles, tomam o lugar da convicção ou das provas: eles prostram-se e rezam, porque seus pais os ensinaram a se prostrar e a rezar: mas por que seus pais caíam de

Every time we say that God is the author of some phenomenon, that signifies that we are ignorant of how such a phenomenon was able to operate by the aid of forces or causes that we know in nature. It is thus that the generality of mankind, whose lot is ignorance, attributes to the Divinity, not only the unusual effects which strike them, but moreover the most simple events, of which the causes are the most simple to understand by whomever is able to study them. In a word, man has always respected unknown causes, surprising effects that his ignorance kept him from unraveling. It was on this debris of nature that man raised the imaginary colossus of the Divinity.

If ignorance of nature gave birth to gods, knowledge of nature is made for their destruction. In proportion as man taught himself, his strength and his resources augmented with his knowledge; science, the arts, industry, furnished him assistance; experience reassured him or procured for him means of resistance to the efforts of many causes which ceased to alarm as soon as they became understood. In a word, his terrors dissipated in the same proportion as his mind became enlightened. The educated man ceases to be superstitious.

It is only by hearsay (by word of mouth passed down from generation to generation) that whole peoples adore the God of their fathers and of their priests: authority, confidence, submission and custom with them take the place of conviction or of proofs: they prostrate themselves and pray, because their fathers taught them to prostrate themselves and pray: but why did their fathers fall on their knees? That is because, in primitive times, their legislators and their guides made it their duty. "Adore and believe," they said, "the gods whom you cannot understand; have confidence in our profound wisdom; we know more than you about Divinity." But why should I come to you? It is because God willed it thus; it is because God will punish you if you dare resist. But this God, is not he, then, the thing in question? However, man has always traveled in this vicious circle; his slothful mind has always made him find it easier to accept the judgment of others. All religious nations are founded solely on authority; all the religions of the world forbid examination and do not want one to reason; authority wants one to believe in God; this God is himself founded only on the authority of a few men who pretend to know him, and to come in his name and announce him on earth. A God made by man undoubtedly has need of man to make himself known to man.

Should it not, then, be for the priests, the inspired, the metaphysicians that should be reserved the conviction of the existence of a God, which they, nevertheless, say is so necessary for all mankind? But Can you find any harmony in the theological opinions of the different inspired ones or thinkers scattered over the earth? They themselves, who make a profession of adoring the same God, are they in Agreement? Are they content with the proofs that their colleagues bring of his existence? Do they subscribe unanimously to the ideas they present on nature, on his conduct, on the manner of understanding his pretended oracles? Is there a country on earth where the

joelhos? É porque, em tempos primitivos, seus legisladores e seus guias fizeram disso seu dever. "Adorem e acreditem", eles diziam, "os deuses que vocês não podem entender; confiem em nossa profunda sabedoria; sabemos mais do que vocês sobre a Divindade". Mas porque eu recorreria a você? É porque Deus assim o quis; é porque Deus irá puni-lo se você ousar resistir. Mas esse Deus, não é ele, então, o ponto em questão? Entretanto, o homem sempre percorreu este círculo vicioso; sua mente indolente sempre o fez mais fácil a aceitar o julgamento de outros. Todas as nações religiosas são fundamentadas somente na autoridade; todas as religiões do mundo proíbem o exame e não desejam que alguém raciocine; a autoridade deseja que todos acreditem em Deus; esse Deus é, ele próprio, fundamentado apenas na autoridade de poucos homens que fingem conhecê-lo e a recorrer em seu nome e anunciá-lo na terra. Um Deus feito pelo homem, sem dúvida, precisa do homem para fazê-lo conhecido aos homens.

Não deveria, então, ser aos pregadores, os inspirados, os metafísicos, reservada a convicção da existência de um Deus, quem eles, apesar disso, dizem ser tão necessário para toda a humanidade? Mas você Pode encontrar alguma harmonia nas opiniões teológicas daqueles diferentes inspirados ou pensadores espalhados pela terra? Eles próprios, que fazem uma profissão adorar o mesmo Deus, estão em Acordo? Estão satisfeitos com as provas que seus colegas trazem de sua existência? Assinam, unanimemente, as idéias que apresentam sobre a natureza, sobre a sua conduta, sobre a maneira de compreender seus fingidos oráculos? Há algum país na terra onde a ciência de Deus é realmente perfeita? Teria essa ciência, em algum lugar, tomado a consistência e a uniformidade que vemos assumir a ciência dos homens, mesmo nos ofícios mais fúteis, nas ocupações mais desprezadas. Essas palavras denotam imaterialidade, criação, predestinação e graça; essa massa de sutis distinções com que a teologia completou-se; estas invenções tão engenhosas, imaginadas por pensadores que se sucederam uns aos outros por tantos séculos, têm apenas, ah! confundido as coisas ainda mais e nunca a ciência mais necessária do homem, até o momento, adquiriu a menor estabilidade. Por milhares de anos, preguiçosos sonhadores perpetuamente ajudaram-se na meditação sobre a Divindade, tentando adivinhar sua vontade secreta para inventar uma hipótese apropriada para desenvolver este importante enigma. Seu pequeno êxito não desencorajou a vaidade teológica: alguém sempre falará de Deus: alguém terá sua garganta cortada por Deus: e esse ser sublime ainda permanecerá completamente desconhecido e o mais comentado.

O homem teria sido muito feliz se, limitando-se aos objetos visíveis de seu interesse, tivesse empregado, para aperfeiçoar suas ciências reais, suas leis, suas morais e sua educação, metade dos esforços gastos em suas pesquisas sobre a Divindade. Ele teria sido ainda mais sábio e mais afortunado se tivesse se contentado em deixar seus inúteis guias discutirem entre si mesmos, sondando profundezas capazes de torná-los entorpecidos, sem que o homem misturasse-se em suas disputas sem sentido. Mas é a essência da ignorância que dá importância ao que se não compreende. A vaidade humana é de tal maneira constituída, que se enrijece perante as dificuldades. Quanto mais

science of God is really perfect? Has this science anywhere taken the consistency and uniformity that we the see the science of man assume, even in the most futile crafts, the most despised trades. These words mind immateriality, creation, predestination and grace; this mass of subtle distinctions with which theology to everywhere filled; these so ingenious inventions, imagined by thinkers who have succeeded one another for so many centuries, have only, alas! confused things all the more, and never has man's most necessary science, up to this time acquired the slightest fixity. For thousands of years the lazy dreamers have perpetually relieved one another to meditate on the Divinity, to divine his secret will, to invent the proper hypothesis to develop this important enigma. Their slight success has not discouraged the theological vanity: one always speaks of God: one has his throat cut for God: and this sublime being still remains the most unknown and the most discussed.

Man would have been too happy, if, limiting himself to the visible objects which interested him, he had employed, to perfect his real sciences, his laws, his morals, his education, one-half the efforts he has put into his researches on the Divinity. He would have been still wiser and still more fortunate if he had been satisfied to let his jobless guides quarrel among themselves, sounding depths capable of rendering them dizzy, without himself mixing in their senseless disputes. But it is the essence of ignorance to attach importance to that which it does not understand. Human vanity is so constituted that it stiffens before difficulties. The more an object conceals itself from our eyes, the greater the effort we make to seize it, because it pricks our pride, it excites our curiosity and it appears interesting. In fighting for his God everyone, in fact, fights only for the interests of his own vanity, which, of all the passions produced by the mal-organization of society, is the quickest to take offense, and the most capable of committing the greatest follies.

If, leaving for a moment the annoying idea that theology gives of a capricious God, whose partial and despotic decrees decide the fate of mankind, we wish to fix our eyes only on the pretended goodness, which all men, even trembling before this God, agree is ascribing to him, if we allow him the purpose that is lent him of having worked only for his own glory, of exacting the homage of intelligent beings; of seeking only in his works the well-being of mankind; how reconcile these views and these dispositions with the ignorance truly invincible in which this God, so glorious and so good, leaves the majority of mankind in regard to God himself? If God wishes to be known, cherished, thanked, why does he not show himself under his favorable features to all these intelligent beings by whom he wishes to be loved and adored? Why not manifest himself to the whole earth in an unequivocal manner, much more capable of convincing us than these private revelations which seem to accuse the Divinity of an annoying partiality for some of his creatures? The all-powerful, should he not heave more convincing means by which to show man than these ridiculous metamorphoses, these pretended incarnations, which are attested by writers so little in

um objeto esconde-se de nossos olhos, maior será nosso esforço para apreendê-lo, porque isso eriça nosso orgulho, excita nossa curiosidade e parece interessante. Ao lutar por seu Deus, todos, de fato, lutam apenas pelos interesses de sua própria vaidade que, de todas as paixões produzidas pela má organização da sociedade, é a que se ofende mais rápido e a mais capaz de cometer os maiores desvarios.

Se, deixando por um momento a perturbadora idéia de que a teologia proporciona de um caprichoso Deus, cujos decretos parciais e despóticos decidem o destino da humanidade, desejamos fixar nossos olhos apenas na pretensa bondade, que todos os homens, mesmo tremendo diante de seu Deus, concordar é atribuir a ele, se lhe permitirmos o propósito que lhe é emprestado de contribuir para a sua própria glória, de exigir homenagens dos seres inteligentes; de buscar apenas, em seus trabalhos, o bem-estar da humanidade; como reconciliar estas visões e estes ânimos com a ignorância verdadeira-mente invencível na qual esse Deus, tão glorioso e tão bom, deixa a maioria da humanidade em relação ao próprio Deus? Se Deus deseja ser conhecido, acalentado e agradecido, por que ele não se revela sob seus traços favoráveis a todos estes seres inteligentes por quem ele deseja ser amado e adorado? Por que não se manifesta a toda à terra de maneira inequívoca, muito mais capaz de nos convencer do que nestas revelações privadas que parecem acusar a Divindade de uma perturbadora preferência por algumas de suas criaturas? O todo-poderoso, não deveria ele suscitar mais meios convencíveis pelos quais revelar ao homem que estas ridículas metamorfoses, estas falsas encarnações, que são atestadas pelos escritores com tão pouca concordância entre eles mesmos? No lugar de tantos milagres, inventados para provar a divina missão de tantos legisladores reverenciados por diferentes povos pelo mundo, o Soberano de tais espíritos, não poderia convencer a mente humana, em um instante, das coisas que ele desejou tornar conhecidas? Ao invés de balançar o sol pela imensidão do firmamento, ao invés das estrelas espargidas sem ordem e das constelações que preenchem o espaço, não estaria em maior conformidade com as visões de um Deus tão ciumento de sua glória e tão bem intencionado com a humanidade, escrever, de maneira a evitar interpretações, seu nome, seus atributos, seus desejos permanentes, em caracteres indestrutíveis e igualmente compreensíveis a todos os habitantes da terra? Ninguém, então, seria capaz de duvidar da existência de Deus, de sua clara vontade, de suas visíveis intenções. Sob os olhos de tão terrível Deus, ninguém teria a audácia de violar suas ordens, nenhum mortal se arriscaria a atrair sua ira; finalmente, nenhum homem teria a impudência de impor em seu nome ou interpretar sua vontade de acordo com sua própria fantasia.

De fato, enquanto mesmo admitindo a existência do Deus teológico e a realidade de seus tão discordantes atributos que eles imputam-lhe, não se pode concluir nada para autorizar a conduta ou o culto que se recomenda a alguém adotar. A teologia é, verdadeiramente, a peneira das Danaides. Pela pressão das qualidades contraditórias e das afirmações arriscadas, pode-se dizer que seu Deus está tão cerceado que se lhe tornou impossível agir. Se ele é infinitamente bom, qual motivo temos para temê-lo? Se ele é infinitamente

agreement among themselves? In place of so many miracles, invented to prove the divine mission of so many legislators revered by the different people of the world, the Sovereign of these spirits, could he not convince the human mind in an instant of the things he wished to make known to it? Instead of hanging the sun in the vault of the firmament, instead of scattering stars without order, and the constellations which fill space, would it not have been more in conformity with the views of a God so jealous of his glory and so well-intentioned for mankind, to write, in a manner not subject to dispute, his name, his attributes, his permanent wishes in ineffaceable characters, equally understandable to all the inhabitants of the earth? No one would then be able to doubt the existence of God, of his clear will, of his visible intentions. Under the eyes of this so terrible God no one would have the audacity to violate his commands, no mortal would dare risk attracting his anger: finally, no man would have the effrontery to impose on his name or to interpret his will according to his own fancy.

In fact, even while admitting the existence of the theological God, and the reality of his so discordant attributes which they impute to him, one can conclude nothing to authorize the conduct or the cult which one is prescribed to render him. Theology is truly the sieve of the Danaides. By dint of contradictory qualities and hazarded assertions it has, that is to say, so handicapped its God that it has made it impossible for him to act. If he is infinitely good, what reason should we have to fear him? If he is infinitely wise, why should we have doubts concerning our future? If he knows all, why warn him of our needs and fatigue him with our prayers? If he is everywhere, why erect temples to him? If he is just, why fear that he will punish the creatures that he has, filled with weaknesses? If grace does everything for them, what reason would he have for recompensing them? If he is all-powerful, how offend him, how resist him? If he is reasonable, how can he be angry at the blind, to whom he has given the liberty of being unreasonable? If he is immovable, by what right do we pretend to make him change his decrees? If he is inconceivable, why occupy ourselves with him? IF HE HAS SPOKEN, WHY IS THE UNIVERSE NOT CONVIN- CED? If the knowledge of a God is the most necessary, why is it not the most evident and the clearest*.

The enlightened and benevolent Pliny thus publicly professes himself an atheist:

Quapropter effigiem Del formamque quaerere imbecil-litatis humanae reor. Quisquis est Deus (si modo est alius) et quacunque in parte, totus est gensus, totus est visus, totus auditus, totus animae, totus animi, totus sul. [...] Imperfectae vero in homine naturae praecipua solatia, ne deum quidem omnia. Namque nec sibi protest mortem consciscere, si velit, quod homini dedit optimum in tantis vitae poenis; nee mortales aeternitate donare, aut revocare defunctos; nec facere ut qui vixit non vixerit,

sábio, por que devemos ter dúvidas sobre o nosso futuro? Se ele sabe de tudo, por que avisá-lo de nossas necessidades e cansá-lo com nossas orações? Se ele está em todos os lugares, por que construir templos para ele? Se ele é justo, por que temer que ele punirá as criaturas que fez fracas? Se a graça lhes faz tudo, por qual motivo recompensá-los? Se ele é todo-poderoso, como ofendê-lo, como contê-lo? Se ele é razoável, como ele pode se enervar com o cego, a quem concedeu a liberdade de não ser razoável? Se ele é resoluto, por qual direito pretendemos fazer com que mude seus decretos? Se ele é inconcebível, por que nos ocupar dele? SE ELE JÁ FALOU, POR QUE O UNIVERSO NÃO SE CONVENCE? Se o conhecimento de Deus é o mais necessário, por que não é o mais evidente e claro?[37]

O iluminado e benevolente Plínio, deste modo, confessa-se publicamente um ateu:

Quapropter effigiem Del formamque quaerere imbecil-litatis humanae reor. Quisquis est Deus (si modo est alius) et quacunque in parte, totus est gensus, totus est visus, totus auditus, totus animae, totus animi, totus sul. [...] Imperfectae vero in homine naturae praecipua solatia, ne deum quidem omnia. Namque nec sibi protest mortem consciscere, si velit, quod homini dedit optimum in tantis vitae poenis; nee mortales aeternitate donare, aut revocare defunctos; nec facere ut qui vixit non vixerit,

---

* Laplace: Systame de la Nature. London, 1781.

[37] Marquês de Laplace, Sistema da Natureza. Londres, 1781.

qui honores gessit non gesserit, nullumque habere In praeteritum ius praeterquam oblivionts, atque (ut. facetis quoque argumentis societas haec cum, deo compuletur) ut bis dena viginti non sint, et multa similiter efficere non posse.

Per quaedeclaratur haud dubie naturae potentiam id quoque ease quod Deum vocamus[38,39]

Um newtoniano consistente é, necessariamente, um ateu[40]. Sir W. parece considerar o ateísmo a que aquele conduz como uma suposição suficiente da falsidade do sistema gravitacional; mas, seguramente, é mais consistente com a boa fé da filosofia admitir uma dedução dos fatos do que uma hipótese incapaz de prova, embora possa ter influência com os obstinados préconceitos da turba. Tivesse esse autor, ao invés de investir contra a culpa e o absurdo do ateísmo, demonstrado sua falsidade e sua conduta teria sido mais adequada à modéstia do cético e à tolerância do filósofo.

Omnia enim per Dei potentiam facta sunt: Imo quia Naturae potentia nulla est nisi ipsa Dei potentia, certum est nos eatenus Dei potentiam non intelligere, quatenus causas naturales ignoramus; adeoque stulte ad eandem Dei potentiam recurritur, quando rei alicujus causam naturalem, hoc est, ipsam Dei potentiam ignoramus.[41,42]

qui honores gessit non gesserit, nullumque habere In praeteritum ius praeterquam oblivionts, atque (ut. facetis quoque argumentis societas haec cum, deo compuletur) ut bis dena viginti non sint, et multa similiter efficere non posse.

Per quaedeclaratur haud dubie naturae potentiam id quoque ease quod Deum vocamus.

The consistent Newtonian is necessarily an atheist. Sir W. seems to consider the atheism to which it leads as a sufficient presumption of the falsehood of the system of gravitation; but surely it is more consistent with the good faith of philosophy to admit a deduction from facts than an hypothesis incapable of proof, although it might militate, with the obstinate preconceptions of the mob. Had this author, instead of inveighing against the guilt and absurdity of atheism, demonstrated its falsehood, his conduct would have, been more suited to the modesty of the skeptic and the toleration of the philosopher.

Omnia enim per Dei potentiam facta sunt: Imo quia Naturae potentia nulla est nisi ipsa Dei potentia, certum est nos eatenus Dei potentiam non intelligere, quatenus causas naturales ignoramus; adeoque stulte ad eandem Dei potentiam recurritur, quando rei alicujus causam naturalem, hoc est, ipsam Dei potentiam ignoramus.

---

[38] Plínio, o Velho (23 – 79 d.C.): História Natural, Livro II, capítulo 7. (N.T.)

[39] "Suponho, então, que buscar qualquer figura para Deus, e determinar uma forma e uma imagem para Ele, acabe por revelar a vulnerabilidade do homem. Pois Deus, quem quer que seja Ele (se talvez existir um outro nome para defini-lo) e onde quer que resida, é por si mesmo onisciente,

onivdente e onipotente: Ele representa toda a vida, todas as almas e tudo por si próprio. [...] Por outro lado, o estado de consolação que os homens apreendem pelas imperfeições da natureza, revela que mesmo Deus não é onipotente e, deste modo, não pode agir sobre todas as coisas. Pois se nem Ele foi capaz de impedir a sua própria morte, como o homem poderá fazê-lo quando estiver tão cansado de sua vida; a melhor dádiva que Ele tem concedido é um dos maiores mistérios da vida: nenhum homem mortal pode se tornar imortal; nem tão pouco pode invocar, ressuscitar e reviver aqueles que já partiram e morreram, nem tão pouco impedir a aquele que vive de não viver; ou revelar tão nobres ofícios a aqueles que estejam em colocados em posição de mando e dignidade. Nem, tão pouco, tem o poder sobre as coisas feitas e realizadas, a não ser por esquecimento: nem ele mais pode ser capaz de efetuar (ao obter razões e argumentos válidos da veracidade de nossa ligação com Deus) uma simples diferenciação entre pares e dúzias, tais são as características de todas as coisas. Deste modo, e indubitavelmente, está evidentemente provado que o poder da Natureza como a percebemos, e nada além dele, que é aquilo o que denominamos Deus. Acredito não ser impertinente divergir e tangenciar desse modo desses pontos, tão geralmente divulgados, pela razão das questões ordinárias e usuais que se relacionam com a essência de Deus". (N.T.)

[40] Ver "As Questões Acadêmicas", de Sir. W. Drummond, capítulo 3. (N.T.)

[41] Baruch de Spinoza (1632-1677), "Tratado Teológico e Político". capítulo 1. De prophetia. (N.T.)

[42] "Tudo o que existe provém do poder de Deus. A Natureza por si própria é o poder de Deus realizada sob outro nome, e nossa ignorância do poder divino é co-extensiva à nossa ignorância sobre a Natureza. Deste modo, torna-se absolutamente desnecessário relacionar um evento qualquer ao poder divino quando nós sabemos que o mesmo não provém de uma causa natural, que é de fato o poder de Deus". (N.T.)

Percy Bysshe Shelley

(4 de Agosto de 1792 – 8 de Julho de 1822)

BREVES NOTAS BIOGRÁFICAS

Percy Bysshe Shelley, ou simplesmente Percy Shelley, nasceu dia 4 de agosto de 1792 em Sussex, Inglaterra.

Poeta, escritor, tradutor e ensaísta, Shelley foi consagrado como um dos mais importantes nomes do Romantismo mundial e um dos princípios representantes da poesia lírica inglesa, cuja busca apaixonada pelo amor pessoal e pela justiça social foi gradualmente canalizada de ações observáveis a poemas que o levaram a uma alta posição na literatura inglesa.

Percy Shelley era o mais velho entre sete irmãos, filhos de Elizabeth Pilfold e Timothy Shelley. Estudou na Sion House Academy, antes de ingressar na Universidade de Oxford, em 1804. O poeta, amante dos ideais produzidos pela Revolução Francesa, em 1789, não passou por bons momentos durante a sua estadia na universidade, pois a Inglaterra não era o melhor ambiente para o exercício de sua arte e de seu modo de pensar o mundo. Foi expulso da Universidade de Oxford, em companhia de Thomas Jefferson Hogg, por ter escrito, em 1811, um ensaio defendendo o ateísmo – "A Necessidade do Ateísmo" – e redigiu uma "Declaração de Direitos" com 31 artigos, considerados por ele como sendo os ideais.

Percy Bysshe Shelley casou-se em 28 de agosto de 1811 com Harriet Westbrook (1795-1816) e teve dois filhos, Ianthe (1813–1876) e Charles, nascido em 1814. Para o espanto de sua esposa, Harriet, Shelley partiu para Londres onde permaneceu viajando por três anos, visitando bibliotecas e o jornalista William Godwin, considerado percussor da filosofia libertária e pai de Mary Wollstonecraft Godwin (1797-1851). Neste período, Shelley foi incentivado por William Wordsworth, também poeta, a continuar a escrever poesias, incluindo "A Philosophical Poem" (1813) e a participar de diversas atividades políticas. Junto a isso, Percy Shelley também estudou os escritos de Godwin e abraçou sua filosofia radical.

Em meio ao seu contato com William Godwin, Shelley, mesmo casado, conheceu e apaixonou-se por sua filha, a igualmente intelectual e escritora Mary Wollstonecraft Godwin, que entre 1816 e 1817 viria a escrever "Frankenstein, ou O Moderno Prometeu" e em 1826 produziu "O Último Homem", obra de ficção que influenciou toda uma geração do gênero e foi considerada sua melhor obra pela crítica. A ação não foi aprovada pelos pais de ambos e, a partir de então, lutaram sozinhos. Em 1814, Shelley abandonou sua esposa em definitivo e fugiu com Mary e sua irmã, Claire, para Suíça.

Lorde George Gordon Byron, referência no que diz respeito à literatura romântica inglesa, também exilado de sua terra natal, era a companhia certa para o casal. Os encontros, na mansão de Byron, às margens do lago Genebra, produziram uma série de textos, poemas e romances de autoria de Byron, Polidori, Percy e Mary Shelley, que se casaram em 30 de dezembro de 1816, apenas algumas semanas após o suicídio de Harriet, primeira esposa de Percy, no Serpentine, em Hyde Park.

Em 1818, Mary e Percy Shelley se mudaram para a Itália. Neste período, a produção do autor foi extensa, entre outros títulos: "Ozymandias" (1818), "O Banquete, de Platão" (Shelley traduziu do grego para o inglês em 1818), "Ode ao Vento do Ocidente" (1819), "Uma Defesa da Poesia" (1815, primeira publicação em 1840), "A uma Cotovia" (1820), "Adonais" (uma elegia dedicada ao poeta John Keats, após sua morte) e "Hellas" (ambos de 1821), sem contar a obra "O Triunfo da Vida", sem finalização e publicado por sua esposa em 1824.

No dia 8 de julho de 1822, Shelley em companhia de um amigo sai com um pequeno barco para navegar nas águas do mar Lígure. Uma tempestade se abateu sobre a região, fazendo com que o poeta viesse a falecer no naufrágio de sua embarcação, próximo a Livorno, na Itália, menos de um mês antes de completar 30 anos. Seu corpo permaneceu desaparecido por várias semanas até que o mar o lançou à praia, sendo cremado no mesmo local, por exigências sanitárias da autoridade local, próximo à Viareggio. O jornal inglês "The Courier" viria a comentar a cerca de sua morte: "Finalmente, Shelley terá a oportunidade de comprovar a existência ou não de Deus". Byron, entretanto, endereçou uma correspondência ao editor John Murray, dizendo, "Vocês estão completa e brutalmente enganados sobre Shelley, que foi sem exceção o melhor e menos egoísta dos homens que já conheci".

Após a morte do Percy Bysshe Shelley, Mary e seus filhos mudaram-se para Londres e esta tomou para si a responsabilidade de organizar e publicar toda a vasta produção poética de seu marido.

Percy Bysshe Shelley possui hoje um memorial na Universidade de Oxford, Inglaterra, e foi admirado por diversos pensadores e escritores como Karl Marx, Henry Stephens Salt, George Bernard Shaw, Bertrand Russell e William Butler Yeats. Seus poemas também foram base para músicas de Ralph Vaughan Williams e Samuel Barber.

LANDMARK
GRANDES CLÁSSICOS EM EDIÇÕES BILÍNGÜES

O ÚLTIMO HOMEM
Mary Shelley
Inglês / Português

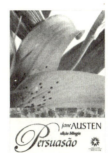

PERSUASÃO
Jane Austen
Inglês / Português

O MORRO DOS VENTOS UIVANTES
Emily Brontë
Inglês / Português

A DIVINA COMÉDIA
Dante Alighieri
Italiano / Português

OS SONETOS COMPLETOS
William Shakespeare
Inglês / Português

MEDITAÇÕES
John Donne
Inglês / Português

O HOMEM QUE QUERIA SER REI
Rudyard Kipling
Inglês / Português

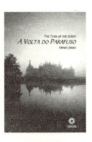

A VOLTA DO PARAFUSO
Henry James
Inglês / Português

AS CRÔNICAS DO BRASIL
Rudyard Kipling
inglês / Português

CONTOS COMPLETOS
Oscar Wilde
Inglês / Português